El Salvador

Su historia y sus luchas
(1932–1985)

Amílcar Figueroa Salazar es diputado al Parlamento Latino-americano por Venezuela, Presidente Alterno del mismo y miembro del Buró Político-Regional Caracas del Partido Socialista Unido de Venezuela (PSUV).

El Salvador

Su historia y sus luchas
(1932–1985)

Amílcar Figueroa Salazar

ocean
sur

una editorial latinoamericana

Diseño de la cubierta: Runa Kamijo

Fotografía de cubierta: Christian Poveda

ISBN: 978-1-921438-64-6

Library of Congress Control Number: 2009927405

Primera edición de Ocean Sur 2009

Segunda impresión 2009

Impreso en México por Quebecor World, S.A., Querétaro

PUBLICADO POR OCEAN SUR

OCEAN SUR ES UN PROYECTO DE OCEAN PRESS

México: Juan de la Barrera N. 9, Col. Condesa, Del. Cuauhtémoc, CP 06140, México, D.F.
E-mail: mexico@oceansur.com ▪ Tel: (52) 5553 5512
EE.UU.: E-mail: info@oceansur.com
Cuba: E-mail: lahabana@oceansur.com
El Salvador: E-mail: elsalvador@oceansur.com
Venezuela: E-mail: venezuela@oceansur.com

DISTRIBUIDORES DE OCEAN SUR

Argentina: Cartago Ediciones, S.A. ▪ Tel: 011 4304 8961 ▪ E-mail: info@cartago-ediciones.com.ar
Australia: Ocean Press ▪ Tel: (03) 9326 4280 ▪ E-mail: info@oceanbooks.com.au
Bolivia: Ocean Sur Bolivia ▪ E-mail: bolivia@oceansur.com
Chile: Editorial La Vida es Hoy ▪ Tel: 2221612 ▪ E-mail: lavidaeshoy.chile@gmail.com
Colombia: Ediciones Izquierda Viva ▪ Tel/Fax: 2855586 ▪ E-mail: ediciones@izquierdaviva.com
Cuba: Ocean Sur ▪ E-mail: lahabana@oceansur.com
Ecuador: Libri Mundi, S.A. ▪ Tel: 593-2 224 2696 ▪ E-mail: ext_comercio@librimundi.com
EE.UU. y Canadá: CBSD ▪ Tel: 1-800-283-3572 ▪ www.cbsd.com
El Salvador y Centroamérica: Editorial Morazán ▪ E-mail: editorialmorazan@hotmail.com
Gran Bretaña y Europa: Turnaround Publisher Services ▪ E-mail: orders@turnaround-uk.com
México: Ocean Sur ▪ Tel: 5553 5512 ▪ E-mail: mexico@oceansur.com
Perú: Ocean Sur Perú ▪ Tel: 330 7122 ▪ E-mail: oceansurperu@gmail.com
Puerto Rico: Libros El Navegante ▪ Tel: 7873427468 ▪ E-mail: libnavegante@yahoo.com
Venezuela: Ocean Sur ▪ E-mail: venezuela@oceansur.com

www.oceansur.com
www.oceanbooks.com.au

Índice

A la memoria de mi padre,
Ovidio Figueroa M.,
quien me transmitió desde muy niño
el interés por la Historia.

A mi madre, Carmen Sofía Salazar de Figueroa.

A mi compañera, Zuleima Aguilarte,

A los militantes del Frente Farabundo
Martí para la Liberación Nacional.

Prólogo

La elección del primer gobierno de izquierda en la historia de El Salvador, el 15 de marzo de 2009, vuelve a colocar al más pequeño país de América Central en el foco de la atención mundial. Esta no es primera vez que ello ocurre. Baste recordar el impacto de la insurrección campesina e indígena de 1932, y de la subsiguiente masacre de decenas de miles de salvadoreñas y salvadoreños; de la fundación, en 1980, del Frente Farabundo Martí para la Liberación Nacional (FMLN), cuya lucha armada revolucionaria atrajo la atención de todos los confines del planeta; y de la firma de los Acuerdos de Chapultepec, en 1992, a partir de la cual todas las fuerzas democráticas, progresistas y de izquierda siguen en detalle la transformación del FMLN de movimiento insurgente a partido político, nueva cualidad en la que este resultado electoral constituye su mayor triunfo obtenido hasta el momento.

La transformación del FMLN no es la única, ni siquiera la principal, que ocurre en El Salvador. Ella es parte de una transformación mayor, todavía incompleta, del sistema político de esa nación, derivada de la interrelación de factores externos e internos. En el plano externo, se inserta dentro del *cambio de época* ocurrido entre finales de la década de 1980 e inicios de la de 1990, a raíz del derrumbe del bloque socialista europeo y la implantación del llamado Nuevo Orden Mundial.

Aunque la *nueva época* nace determinada por la avalancha universal del neoliberalismo, ya en su seno se incubaba la simiente de la resistencia popular y la búsqueda de alternativas políticas económicas y sociales. Esta simiente comenzó germinar en los resultados alcanzados por Cuauhtémoc Cárdenas en la elección presidencial mexicana de 1988 y por Luiz Inácio Lula da Silva en la elección presidencial brasileña de 1989, así como en los crecientes espacios ocupados por la izquierda en gobiernos locales, estaduales provinciales o departamentales (según nombre que esas unidades geográficas y políticas reciben en cada país) y en las legislaturas nacionales de casi toda América Latina.

Aunque Cárdenas fue despojado del triunfo y Lula fue derrotado en aquellos comicios de los años ochenta, apenas una década más tarde, Hugo Chávez se alzaba con la victoria en la elección presidencial venezolana de 1998, revalidada en 2000 y 2006. Entre otros mandatarios progresistas electos en estos años, que han redibujado el mapa político de América Latina, es preciso resaltar que, a la victoria de Chávez, le siguieron las de Lula (2002 y 2006), Tabaré Vázquez en Uruguay (2004), Evo Morales en Bolivia (2005), Daniel Ortega en Nicaragua (2006), Rafael Correa en Ecuador (2006) y Fernando Lugo en Paraguay (2008).

Ese es el nuevo mapa político que se complementa con la elección de Mauricio Funes a la presidencia de El Salvador. No se trata solo de un avance cuantitativo más, es decir, de otro país gobernado por una fuerza de izquierda o por una coalición articulada en torno a una fuerza de izquierda, sino de la rica experiencia de la izquierda salvadoreña que con esta victoria se suma a la búsqueda de nuevos horizontes para nuestros sufridos pueblos.

En el plano interno, la elección del candidato presidencial del FMLN es el resultado de una fecunda historia de luchas, que llega a su clímax con la guerra revolucionaria librada por esa organización entre 1980 y 1992, factor decisivo que compulsa al imperialismo norteamericano y a la oligarquía criolla a abrir los espacios políticos que ella ha ido ocupando de forma ascendente en los últimos 17 años.

De manera que la transformación política que tiene lugar hoy en El Salvador demanda un mayor conocimiento de la historia de esa nación: un mayor conocimiento para comprender y para impulsar esa transformación. Este conocimiento lo necesitan, en primer lugar, los propios salvadoreños, en especial las nuevas generaciones que no conocieron la opresión y la explotación dictatorial que obligó a sus abuelos y padres a empuñar las armas; y también lo necesitan las fuerzas democráticas, progresistas y de izquierda de otros países, que aspiran a retroalimentarse con los aportes de la izquierda salvadoreña a la teoría y la práctica de la construcción de nuevos paradigmas emancipatorios.

El Salvador su historia y sus luchas (1932-1985), de Amílcar Figueroa Salazar, libro que nos enorgullece presentar a los lectores, es una valiosa contribución a la divulgación de ese conocimiento.

La presente edición de Ocean Sur es una versión abreviada de una obra originalmente publicada por la editorial Tropykos de Caracas, en 1987, con el título *El Salvador: elementos de su historia y sus luchas (1932-1985)*, que contenía un prólogo de Jesús Gazo, una introducción del autor, tres anexos —«Los sucesos salvadoreños de 1932 reseñados en la prensa caraqueña de la época», «La intervención norteamericana en El Salvador entre 1979-1985 vista a través de una selección de noticias de *El Nacional* de Caracas», y «Cronología socio-política de la nación salvadoreña»—, una relación de fuentes bibliográficas y otra de fuentes hemerográficas.

Aunque, en aras de la brevedad que exige el vertiginoso mundo de nuestros días, en esta segunda edición solo reproducimos en cuerpo central del texto original, es importante que los lectores sepan el profesionalismo y el rigor con que el autor abordó el tema en fecha tan temprana. Estamos en presencia de un bien documentado análisis marxista que abarca, desde el nacimiento de la República de El Salvador, hasta el momento en que la lucha armada del FMLN alcanzaba su punto culminante y en que se apreciaban los primeros atisbos de lo que sería un complejo y prolongado proceso negociador.

Si bien la fuentes bibliográficas y hemerográficas fueron suprimidas como apéndice, esa información no se pierde en la presente edición. Las estudiosas y estudiosos interesados en realizar investigaciones sobre las luchas del pueblo salvadoreño, encontrarán todos los datos necesarios para ubicar las fuentes consultadas por Amílcar en las notas ubicadas al final del texto.

Este prólogo no puede concluir sin rendirle un merecido homenaje a Amílcar Figueroa Salazar, un revolucionario latinoamericano, oriundo de Venezuela, caracterizado por su sólida, profunda y sincera vocación internacionalista, practicada de forma anónima y consecuente con muchas patrias chicas de Nuestra América desde su temprana juventud.

Amílcar es diputado al Parlamento Latinoamericano por Venezuela, Presidente Alterno del mismo y miembro del Buró Político-Regional Caracas del Partido Socialista Unido de Venezuela (PSUV).

Sirva este libro, escrito por Amílcar hace ya un cuarto de siglo, como testimonio de su solidaridad con las luchas del pueblo salvadoreño, y como botón de muestra de su solidaridad con las luchas de todos los pueblos de América Latina.

Roberto Regalado
La Habana, abril de 2009

Consideraciones acerca
de la formación social salvadoreña

Para los inicios del siglo XX, se vive en El Salvador un momento particular, en el cual, una nueva estructura económico-social de naturaleza capitalista se ha hecho presente. Ese momento está signado por el predominio del modelo agrario monoexportador y, como complemento, por la irrupción de un débil intento de industrialización. Esa situación es resultado de un proceso cumplido en forma abrupta durante un lapso no mayor de medio siglo, ya que la nación salvadoreña heredó intacta una estructura económica colonial ubicada, en el contexto internacional, entre las llamadas «economías marginales».

Al no temer recursos mineros significativos, la economía del territorio colonial que luego sería la República de El Salvador se dirigió hacia el sector agrícola, y puede afirmarse que el sentido de la misma fue, por mucho tiempo, la subsistencia, consistente en el cultivo de jiquilite, grana, y distintos tipos de cereales. El principal producto exportable en el momento de la independencia era el añil, que había desplazado la grana. Ahora bien, el cultivo del jiquilite para la producción del añil lo efectuaban en su mayoría pequeños productores, llamados *poquiteros*, y su procesamiento se hacía en «obrajes» de naturaleza artesanal. En el intercambio comercial, la moneda tenía muy poco valor frente al pago en especies, al crédito o a otras formas de intercambio. Desde el punto de vista de la «propiedad de la tierra», la situación de El Salvador durante la época colonial y en los primeros días como Estado independiente,

era similar al resto de Centroamérica, tal como sintetiza Edelberto
Torres Rivas:

> Al iniciar su formación como países independientes, los Esta-
> dos Centroamericanos se encontraban como propietarios de
> inmensas extensiones de tierras baldías. Con la Independencia
> se consolidó legalmente una situación que de facto venía confi-
> gurándose lentamente a través del transcurso de dos siglos an-
> teriores. Recuérdese que la Corona era propietaria universal de
> todas las tierras conquistadas a título de donación pontificia y el
> rey delegó en sus súbditos el usufructo, uso y aprovechamien-
> to de las mismas. Las tierras realengas o de propiedad exclusi-
> va de la Corona coexistían junto a dos formas reconocidas de
> dominio: a) las que poseían los indígenas a título de usufructo
> legítimo, con carácter comunal, en reconocimiento de antiguos
> derechos anteriores a la conquista y b) las tierras entregadas en
> usufructo vitalicio a los «encomenderos» y que facilitan poste-
> riormente la apropiación privada; los llamados ejidos «tierras
> de propios» eran terrenos adscritos a las necesidades del muni-
> cipio y formaban parte de la política colonial de agrupar a los
> indígenas alrededor de núcleos urbanos centralizados.[1]

Como puede observarse, la *propiedad privada del suelo* no era preponderante en la formación social existente en El Salvador de la
época.

Es pertinente ubicar la década de 1860 en la misma forma
que lo han hecho autores como Edelberto Torres Rivas, Rafael
Menjívar y otros,[2] como el período en el cual se inicia el cambio en
la estructura económica, al desarrollarse los primeros cultivos de
café, por presuponer distintos patrones en la tenencia de la tierra,
generar relaciones de producción de una cualidad diferente y ser
distinta la orientación del objeto de la producción. Por otra parte,
el referido cambio estaría motivado por factores de orden interna-

cional, fenómeno descrito en el análisis realizado por el Partido de la Revolución Salvadoreña (PRS) en los siguientes términos:

> En el período conocido como Segunda Revolución Industrial, el descubrimiento de los colorantes sintéticos provocó la pérdida de importancia del añil como colorante, por lo que su demanda a nivel mundial va decreciendo rápidamente.
>
> Esto tuvo como efecto en El Salvador que su principal producto de exportación fuera cada vez menos solicitado, lo que vino a causar una fuerte crisis de la economía exportadora del país, comercio del que se sostenían algunos grupos dominantes.
>
> Fue necesario, pues, encontrar una nueva forma para vincularse al mercado capitalista y, después de un período de prueba, esta salida se encontró en un nuevo producto: el café.[3]

El desplazamiento de una economía por otra —a pesar del corto período histórico en el cual se efectúa— había pasado por algunos años de forcejeos y reacomodos, donde los factores de poder incentivaban nuevas exploraciones. Al respecto se ha observado que,

> ...los gobiernos republicanos estimularon la producción del café, al igual que la de otros cultivos considerados potencialmente comerciales. En 1846, se dio un trato preferencial a la producción cafetera. Toda persona que plantase más de 5 000 arbustos quedaba exenta del pago de impuestos municipales por un período de diez años; los peones de las fincas cafeteras quedaban exentos del servicio militar; condonáronse los impuestos de exportación del producto por un período inicial de siete años.[4]

Posteriormente, el gobierno liberal de Gerardo Barrios llegó a declarar (1856) obligatorio el cultivo del café.[5] De esta manera, ya para el año de 1875, el valor de las exportaciones de café superará al del añil por primera vez. Por otra parte, es oportuno puntualizar que, derivado de lo antes descrito, la lucha por la apropiación privada del suelo constituyó la contradicción principal de la sociedad para las postrimerías del siglo XIX salvadoreño. Y tal disputa la resolverán las clases dominantes a su favor —entre otras medidas— con las siguientes:

> ...el 15 de febrero de 1881 se decretó la Ley de Extinción de Comunidades, en cuyas consideraciones se afirma que «la indivisión de los terrenos poseídos por comunidades impide el desarrollo de la agricultura, entorpece la circulación de la riqueza y debilita los lazos de la familia y la independencia del individuo [...] que tal estado de cosas debe cesar cuanto antes, como contrario a los principios económicos, políticos y sociales que la república ha aceptado». Y el 2 de marzo de 1882 se aprobó la Ley de Extinción de Ejidos, en la cual se estimó que el sistema ejidal es uno de los principales obstáculos para el desarrollo de la industria agrícola, «por cuanto anula los beneficios de la propiedad en la mayor y más importante parte de los terrenos de la República».[6]

Las Leyes de Extinción de Ejidos y Tierras Comunales propiciaron tanto la apropiación privada del suelo por parte de los reducidos grupos dominantes, como la expulsión de sus tierras de una masa numéricamente importante de campesinos, los cuales, una vez separados de su fuente de subsistencia, constituirán la mano de obra disponible e imprescindible para el desarrollo de la producción de café. Una nueva ley vendría a validar la naciente estructura de propiedad rural; nos referimos a la Ley de Titulación de Terrenos Rústicos de 1897, que establecía la potestad de los alcaldes para otorgar títulos de propiedad a los nuevos dueños.

Fue de esta forma como el inicio de las relaciones sociales capitalistas estuvo muy ligado al empuje del cultivo del café, como hemos visto antes, en el último tercio del siglo XIX; y de una vez a la sociedad salvadoreña le quedó asignada, dentro de la división internacional del trabajo impuesta por el mundo capitalista, la función de contribuir a la satisfacción de los requerimientos de materias primas y productos agrícolas de las naciones dominantes. Por lo demás, como es característica en estos países —surgidos del mundo colonial, pero que conservaron casi intactas las viejas estructuras del producción, sin que la ruptura de la dependencia externa tampoco fuese un fenómeno estable—, el inicio de la formación capitalista se presenta con grandes distorsiones.[7] Ejemplo de ello es el hecho de que, a pesar de la penetración capitalista en el campo y del vínculo con el mercado mundial capitalista, la economía de subsistencia no desaparece, sino, más bien, se modifica, y sigue operando como un sistema periférico alrededor de la hacienda cafetalera. Dicho de otro modo, encontramos «que aún existen formas precapitalistas subsumidas o recreadas dentro del modo de producción capitalista…»[8]

Junto a lo antes expuesto, se va operando en lo urbano un creciente desarrollo de bancos, ferrocarriles, puertos, transportes, construcción, minas y servicios y otros, pasando así de la artesanía a la manufactura. En efecto, como parte del mismo proceso, se va a consolidar en El Salvador el capital financiero, lo que se refleja en la creación de los siguientes bancos:

- Banco Internacional (1880)

- Banco Particular (1885)

- Banco Occidental (1889)

- Banco Agrícola Comercial (1895), el cual funcionó como banco emisor hasta 1933.

Por los elementos antes planteados, a saber: incorporación al mercado capitalista mundial mediante la explotación del café, liquidación, en apreciable medida, de las formas de propiedad y producción de naturaleza pre-capitalista y la consiguiente implantación de nuevas estructuras, introducción del proceso de monetarización en el intercambio, y existencia de un embrionario sistema manufacturero y de servicios, puede concluirse que El Salvador arriba a los albores del siglo XX bajo una formación social capitalista.[9]

Especificidad del capitalismo salvadoreño

Cuando revisamos el proceso de surgimiento del capitalismo en El Salvador, se observan algunas de sus características propias, sobre las cuales nos detendremos brevemente por considerarlas sustantivas para la comprensión del desarrollo ulterior de esa sociedad.

En primer lugar, de la ya señalada división internacional del trabajo y del rol que en ella juega El Salvador, surgen derivaciones importantes, entre las cuales resaltan:

1. Los «cafetaleros» salvadoreños concurren al mercado mundial del café y necesariamente deben someterse a las leyes de éste.

2. El grueso de la inversión se ha dirigido, justamente, al fomento de este cultivo; dicho de otro modo, la inversión de capitales en El Salvador se ha orientado hacia el sector primario. La infraestructura desarrollada en el país, a saber, vías de comunicación, bancos, servicios y otros, apoyan la actividad cafetalera o tienen en ésta su razón de ser.

3. La renta nacional dependerá, en lo fundamental, de los precios a los cuales se cotice el café en el mercado mundial, por lo que la economía salvadoreña adquiere un carácter cíclico —bonanza y depresión—, que depende de las alzas y bajas de dichos precios.

En segundo lugar, si tomamos en consideración la manera cómo se conformó la clase dominante salvadoreña y el proceso antes descrito en el cual ésta se apropia de la tierra, observamos claramente que ella posee un doble carácter, el de capitalista y el de terrateniente:

> La oligarquía cafetalera es capitalista en tanto invierte una determinada cantidad de valor (bajo la forma de dinero) para comprar fuerza de trabajo, valor que en el curso de la producción es incrementado. A su vez, esta implantación del capital en la caficultora, en un contexto de integración al sistema capitalista internacional, lleva a que se sobrevalorice el capital invertido al obtener no solo la ganancia correspondiente a éste, sino, sobre todo, al obtener una sobreganancia que llega a manos de la oligarquía en virtud de su calidad de terrateniente, y que se convierte en renta diferencial...[10]

El proceso de la obtención del sobreprovecho o renta diferencial [11] viene dado en razón de estar condicionados los precios del mercado internacional por la producción de Brasil —mayor proveedor— y, siendo la «productividad media» de ese país muy baja respecto a la productividad de El Salvador, existe entonces una ganancia adicional para el propietario de la tierra salvadoreña.

La doble condición de la «oligarquía cafetalera» será determinante en la impermeabilidad del sistema a reacomodos dentro de la propia dinámica del capitalismo, debido al predominio de dicha oligarquía, tanto sobre la sociedad en general, como sobre otras fracciones burguesas que en un principio trataron de enrumbar al país hacia otros desarrollos económicos (intentos de industrialización), al ser mucho más beneficioso percibir las ganancias extras de la renta, que arriesgarse a invertir en otros sectores. También ha llevado a la hegemonía que ejerce la oligarquía cafetalera, como lo plantea el análisis del Partido de la Revolución Salvadoreña:

> Por estas causas, si en el país, no se imponen las leyes que impulsan al capitalismo a pasar a formas superiores, en su mismo desarrollo, es porque impera de manera categórica la renta diferencial como base de la economía. El desarrollo de las relaciones capitalistas no va más allá de lo necesario para garantizar el funcionamiento del mecanismo de la renta diferencial.[12]

Es pues, este doble carácter de la oligarquía dominante uno de los rasgos más relevantes de la sociedad salvadoreña.

En tercer lugar, señalaremos que la sociedad salvadoreña posee también un alto grado de tipicidad con relación al resto de los países centroamericanos, particularmente en el aspecto económico, por no ser El Salvador una «República banana».[13] Contrario a lo sucedido en países como Guatemala, Costa Rica, Honduras y Nicaragua, en El Salvador el imperialismo no realizó inversiones significativas de capital.

Nuevas clases, nuevos movimientos sociales

Con los cambios operados en la estructura económica entre las últimas décadas del siglo XIX y las dos primeras del siglo XX, surgió una nueva fisonomía del país y una distinta composición clasista de la sociedad. Era, pues, El Salvador un país con un escaso desarrollo urbano, un reducido mercado interno, un débil proceso de industrialización en el cual coexistían el artesanado con la manufactura, pero, como ya hemos analizado, con una producción capitalista en el campo.

Sintéticamente, revisaremos algunos elementos de la compleja estructura clasista:

- Existía un número importante de trabajadores artesanales.

- Por pequeño que fuese, había surgido un proletariado urbano[14] que laboraba en la embrionaria infraestructura de servicios generada hasta la fecha. O sea, la clase obrera se limitaba a los trabajadores ferroviarios, obreros de la construcción, bancarios y los operarios de la incipiente industria manufacturera.

- La propia estructura económica *no* permitió que la «pequeña burguesía», fuese numerosa.

- Tanto el comercio como las finanzas generan fracciones de clases numéricamente reducidas, aunque muy poderosas económicamente, emparentadas con la oligarquía cafetalera. Por su parte, la burguesía industrial es de las más débiles dentro del conjunto de las clases dominantes.

En el campo, por otra parte, se podían observar las clases siguientes:

- La «oligarquía cafetalera», de la cual hemos descrito sus características fundamentales, ha sido numéricamente muy reducida.

- Con respecto a las clases dominadas, existe dentro de esta formación social una gama de condiciones. Anteriormente, revisamos el surgimiento del salario, lo cual presupone que la gran masa de trabajadores incorporados a la producción de café posee la cualidad de *proletariado agrícola*; sin embargo, hemos hablado de la complejidad de la estructura económica que genera fenómenos como el siguiente:

> En los campos, fuera de las fincas cafetaleras, vivían dedicados a la agricultura de subsistencia, gran cantidad de campesinos pobres, que al no lograr satisfacer sus necesidades en sus pequeñas parcelas, se ven obligados a trabajar como asalariados en las fincas durante la etapa de recolección de granos; son, pues, campesinos pobres en un período y obreros rurales en otro. Existían también otra gran cantidad de trabajadores, aunque relativamente menor que la de los jornaleros y campesinos pobres, que se dedicaban a los trabajos permanentes de la finca, bajo diferentes formas, desde peones hasta proletarios estacionales.[15]

Con el advenimiento de esta nueva estructura clasista, cambia de hecho la cualidad de la lucha social; específicamente, la presencia de la clase obrera, tanto en la ciudad como en el campo, dará un siglo distinto al carácter de los movimientos sociales y políticos.

De esta forma nació el movimiento sindical en El Salvador:

> Después de la Primera Guerra Mundial, y sobretodo de 1920 a 1921, los trabajadores salvadoreños iniciaron la lucha por reivindicaciones concretas. Estallaron las primeras huelgas obreras entre los gremios de zapateros, de sastres, de panificadores y otros. Se combatía por conquistar, fundamentalmente, derechos económicos y sociales, bajo la dirección de comités de huelgas que se formaban al fragor de las luchas. Una de las demandas más sentidas era la demanda de ocho horas de trabajo. Entre 1923 y 1924, y en el marco de una amplia movilización de masas urbanas y rurales, se formaron los primeros sindicatos de trabajadores del país, sin que hubiera disposiciones legales al respecto...[16]

El proceso de organización sindical pasará por un momento crucial cuando en septiembre de 1924 se forma la Federación de Trabajadores de El Salvador (FRTS), como parte de la «Confederación Obrera Centroamericana» (COCA). De ahí en adelante puede hablarse de la existencia de un movimiento social organizado y centralizado que ampliará rápidamente tanto su penetración en la población como su nivel de combatividad.

La lucha de masas impulsada por la Regional de Trabajadores logrará obtener importantes reivindicaciones sociales y políticas, entre las cuales pueden contarse: nacimiento de una prensa obrera de gran alcance (la FRTS creó un órgano de divulgación, *El Martillo*, que orientó la lucha reivindicativa del pueblo); creación de la «Universidad Popular», hecho importante en función de elevar el nivel cultural y político de los sectores de avanzada del movimiento popular; como resultado de las luchas impulsadas por la «Regional», los gobernantes de turno se vieron obligados a conceder reivindicaciones como la Ley de Protección a los Empleados de Comercio (31 de marzo de 1927) y la aprobación de la jornada laboral de ocho horas (13 de junio de 1928);[17] también puede anotarse entre los logros de la FRTS, la vinculación del movimiento obrero salvadoreño al movimiento obrero mundial.

El Salvador: año 1932

De acuerdo con el criterio expresado en 1971 por Roque Dalton, en el sentido de que la matanza anticomunista de 1932 en El Salvador fue para ese país «el hecho político-social más importante en lo que va de siglo»,[1] nos detendremos a revisar el mismo en su desarrollo histórico; por tanto, estudiaremos en primer lugar las condiciones económicas, sociales, culturales, políticas y militares en las cuales se desencadenó la violencia aquel momento; tratando de precisar también la serie de problemas y características que asumió la confrontación que terminaría con un pavoroso resultado para las clases populares salvadoreñas.

El hambre agobia a las mayorías

Si bien la crisis económica del sistema capitalista mundial se había producido en 1929, sus efectos perdurarían por largos años; dándose casos como en El Salvador, donde la crisis se iba profundizando, y llegado el año 1931, se puede hablar de una ruina total de la economía, situación que puede observarse en los indicadores contenidos en el siguiente texto:

> ...la economía salvadoreña, sumida en las más hondas raíces del atraso, era abatida por las fuertes convulsiones de la gran crisis mundial; al comparar el estado en que se encontraban algunos rubros, con el nivel que éstos habían alcanzado en 1925, su resultado nos permitirá imaginar el estado catastrófico

a que había llegado la vida económica nacional. Las exportaciones disminuidas casi un 54% y las importaciones en más de un 74%, esto último no por efectos de una política fiscal proteccionista, puesto que la estructura del régimen aduanero siguió siendo eminentemente de corte liberal, sino porque el precio del café había caído un 56% de ¢42, 45 valor promedio del quintal en 1926 pasa a ¢18, 76 en 1931. El impacto ocasionado en el sistema bancario podía verse reflejado en el estado de las reservas que en 1926, habían bajado más o menos 8,7 millones de colones, es decir, casi un 61% y la corriente de oro que abandona los sótanos de los bancos amenazaba con reducir aún más este nivel. El gobierno, en un intento de parar la fuga de oro, decretó el abandono del Talón Oro; y los bancos aprovecharon la oportunidad para especular con el cambio [...] La oferta de los créditos sufrió la contracción que amenazaba con la total postración de la actividad económica. Los bancos, no obstante la prohibición, exigían de sus deudores el pago de sus obligaciones en oro o en giros al exterior; por otro lado, los bienes inmuebles bajaron del 50 al 60% de su valor dejando al descubierto, en la mayoría de los casos, los créditos que garantizaban.[2]

No podría ser más dramático el cuadro de la economía salvadoreña, y esa situación crítica recaerá fundamentalmente sobre los sectores más empobrecidos de la sociedad, particularmente el campesinado, porque los salarios apenas alcanzaban, para el momento, el equivalente a ocho centavos de dólar diarios[3] y, en la medida que en 1931 la situación fue empeorando, «...los cafetaleros, por falta de fondos, se vieron imposibilitados de levantar la cosecha de ese año. Esto llevó a la masa de jornaleros y campesinos pobres a verse enfrentados a una situación angustiosa de supervivencia, pues, al no haber recolección de cosechas en ese año, significaba que no tenían ingresos, lo que los ponía en peligro de muerte por hambre».[4]

Es evidente que todo estaba dado, desde el punto de vista objetivo, para una explosión social y ésta no esperó más allá de los primeros días de 1932. Tal vez —como veremos más adelante—, muchas otras razones confluyeron para que se produjera la confrontación, pero indudablemente hubo una causa decisiva: el hambre hacía estragos en El Salvador.

Existencia de un gobierno ilegítimo

Un factor de peso en el desencadenamiento de la sublevación estuvo determinado por el hecho de poseer el gobierno de Maximiliano Hernández Martínez relativamente poca aceptación. Recuérdese que el anterior había surgido de uno de los pocos procesos electorales vividos por El Salvador y, aunque en sus últimos días había perdido popularidad, fue suplantado por un régimen de fuerza, producto, en gran medida, de la inseguridad de la «oligarquía cafetalera», la cual no veía un camino cierto en la forma cómo hasta el momento había ejercido el poder el gobierno «laborista» del ingeniero Arturo Araujo, quien se encontraba frente a dos graves problemas: la aguda crisis económica imperante y una cada vez mayor agitación social.

El movimiento cuartelario no contó, en ningún momento, con suficiente apoyo popular y en el campo de la política exterior se encontró con un serio obstáculo: los gobiernos centroamericanos habían firmado el 7 de febrero de 1923 un pacto en el cual se comprometían a no reconocer los regímenes nacidos de la fuerza y, por lo menos durante algún tiempo, se mantuvieron fieles a lo pactado.

También el gobierno de los Estados Unidos —quien auspició los tratados de 1923— mantuvo en un primer momento una actitud de no reconocimiento del gobierno militar. Sobre este particular, veamos lo informado por *El Nuevo Diario* de Caracas: «El hecho de que Estados Unidos hubiera rehusado a reconocer al presidente

Martínez ha dado bríos a los revolucionarios, quienes esperan que el gobierno se irá debilitando aún más...»[5]

Sumado a ello, la Iglesia Católica tampoco vio con buenos ojos, en un primer momento, el mandato de Maximiliano Hernández Martínez, debido a su condición de «teósofo»; todo lo cual contribuyó a disminuir sus bases de apoyo.

Ciertamente, esta debilidad del gobierno militar, tanto en su radio de influencia dentro del país como en los problemas relacionados con su reconocimiento exterior, era un elemento que lo hacía vulnerable e indudablemente influyó en la decisión de los revolucionarios.

Antagonismo étnico

Aparte de las causas económicas y políticas antes expuestas, es oportuno incorporar el elemento asomado por Thomas Anderson en su obra *El Salvador: los sucesos políticos de 1932*, relativo a la presencia de un fuerte antagonismo cultural y/o étnico entre indígenas y ladinos, contradicción significativa tanto por ser numéricamente importante la población indígena de El Salvador de entonces, como por ser éstos de los más afectados por la estructura de propiedad de la tierra impuesta en el pasado reciente. De esta forma, nos parece válido que: «... el antagonismo cultural desempeñó un papel importante en la rebelión de ese año [1932]. Es más, los indígenas portaban un resentimiento latente contra los ladinos, resentimiento que tenía sus raíces en los tiempos de [Pedro de] Alvarado...»[6]

Y, según el mismo autor, este criterio es compartido por otros estudiosos; así, pues:

J. Hugo Granadino, el distinguido historiador sonsonateco, considera que la insurrección de 1932 tiene definidos rasgos de guerra racial, mientras que «Aquino Caso», un escritor salvadoreño muy conocido, me afirmó que él sentía que la rebelión de 1932 definitivamente guardaba alguna relación con la de [Anastasio] Aquino, ocurrida un siglo antes.[7]

Podemos inferir, entonces, que a la explosiva situación clasista existente en la sociedad salvadoreña, vino a añadirse una hostilidad étnica preexistente.

Grado de organización y movilización de las masas

El pueblo salvadoreño no se resignó a aceptar pasivamente el peso de la crisis económico y, a la vez que se movilizaba, profundizaba su proceso de organización sindical y gremial.[8] El Salvador vivía uno de los procesos de sindicalización más vertiginoso que registrase país alguno de nuestro continente por aquellos días de la década de 1930. Tal dinámica se desarrollaba en medio de una activa movilización de las masas, en proceso ascendente de radicalización sociopolítica, lo cual sería el preludio de la tormenta por venir.

Tiempo de revoluciones

A todos los factores anteriormente descritos habría que añadir el hecho de haberse iniciado ya para la humanidad la llamada «época de las revoluciones populares» y, de una u otra forma, tanto la naciente clase obrera salvadoreña como la pequeña burguesía intelectual, así como también las masas campesinas, estaban al corriente de hechos como la Revolución Mexicana, la Revolución Soviética y la lucha sandinista de Nicaragua, lo cual, en alguna medida, contribuiría a su entusiasmo y sensibilización revolucionarios.

Ecos de la Revolución Mexicana

Dentro del cuadro de gestación de los acontecimientos de 1932, no podemos subestimar la influencia de la Revolución Mexicana, cuestión planteada por Rafael Menjívar en los siguientes términos:

> ... vinieron a sumarse [...] los ecos de la revolución mexicana. No es vano [...] que muchos de los Sindicatos campesinos llevasen los nombres de los líderes agrarios de tal país, tales los casos [...] de los Sindicatos «Guadalupe Ramírez» e «Hipólito Lander» o el del cubano Julio Antonio Mella, muerto en tal país (México) y cuya muerte fue difundida y recordada constantemente por el «Machete», órgano del PC mexicano. Tampoco es raro que el tipo de organización adoptado para el campo fuese el de las Ligas campesinas, del tipo mexicano.[9]

Es evidente, entonces, que tanto por la cercanía geográfica como por la proximidad cronológica (apenas transcurrió una década entre ambos sucesos), se produjo un gran impacto de la onda expansiva de la revolución agraria de México hacia una sociedad básicamente rural como la salvadoreña. Por lo demás, en ambas experiencias hay una importante participación del campesinado, aunque en planos diferentes.

Influencia de la Revolución Bolchevique

El fenómeno revolucionario de mayor impacto mundial en el siglo XX es, sin dudas, la Revolución de Octubre de 1917, en donde, por primera vez, las «clases dominadas» lograron asaltar el poder y establecer un «Estado socialista». Pronto recorrerían parte de América Latina —al igual que por otras latitudes— motivaciones revolucionarias emanadas desde el distante país soviético y, desde luego, en uno de nuestros países donde se nota más claramente esta influencia fue en El Salvador de los años veinte y comienzos de los treinta. Por lo demás, no fue solo el hecho de mostrarse al país soviético como el paradigma de los obreros y campesinos salvadoreños, sino que se desarrolló una presencia activa de la «revolución bolchevique» en la medida en la cual los revolucionarios de ese país se articularon con el movimiento comunista internacional. No se trató tampoco de que el movimiento insurgente de El Salvador obedeciera «...órdenes de Moscú»,[10] sino que la dirección revolucionaria salvadoreña mantuvo fuertes nexos con los movimientos de otros países en tanto y en cuanto era la época de apogeo de la III Internacional.

La cooperación de dicha Internacional con los rebeldes salvadoreños se expresó en hechos como la ligazón entre el Partido Comunista Salvadoreño (PCS) y el movimiento comunista internacional, en particular su articulación con el Buró del Caribe; la constitución de la Sección Salvadoreña del Socorro Rojo Internacional (SRI), en mayo de 1930, la cual fue dirigida por Farabundo Martí y cuyos objetivos fueron: «la libertad de los presos políticos, detenidos por abrazar la causa proletaria; la derogación de leyes inconstitucionales que limitaban el derecho de los trabajadores; y la defensa de las organizaciones sindicales».[11] Tan solo observando las campañas que debía emprender la SRI puede apreciarse su espíritu internacionalista.[12]

De manera, pues, que los revolucionarios salvadoreños entenderán su lucha como parte integrante de un proceso mundial en el cual el papel rector lo jugaba el único movimiento triunfante hasta la fecha, o sea, el Partido Bolchevique, con esto queda de manifiesto la sustantiva influencia de la Revolución de Octubre en quienes habrán de dirigir el proceso del 32.

Estímulos de la lucha de Sandino

Por último, señalaremos una de las influencias externas de mayor peso en el escenario de la contienda de 1932: el hecho —subjetivo, y en este caso vigorizante, de las energías revolucionarias— que la lucha del «General de hombres libres», Augusto César Sandino, no era cosa extraña para los salvadoreños. Esto se explica, entre otras razones, por la proximidad geo-cultural de ambos pueblos centroamericanos. En tal sentido, el testimonio de Miguel Mármol no deja lugar a dudas:

> Hay que hacer de nuevo una mención especial respecto a la importancia que tuvo para nosotros, en este sentido, la lucha del general Sandino en Nicaragua. El antiimperialismo creció mucho en todos los sectores de la población salvadoreña, nuestro trabajo organizativo se apoyó mucho en ese sentimiento, y nuestra organización contribuyó a extenderlo y profundizarlo. Es que en aquellos momentos hasta las fiestas de cumpleaños de cualquier hija de vecino y las procesiones de la Virgen terminaban con gritos y consignas a favor del gran guerrillero de Las Segovias y en contra de los yanquis asesinos...[13]

Por lo demás, el propio Farabundo Martí —gran líder de las masas populares salvadoreñas para esos momentos— había tenido una efectiva participación en la lucha antiimperialista del pueblo nicaragüense, en la cual alcanzó en combate el grado de coronel y perteneció al secretariado de Sandino. Queda claramente evidenciado que la moral revolucionaria del pueblo salvadoreño fue alimentada por la intransigente actitud de Augusto César Sandino al defender la soberanía nicaragüense contra las apetencias del imperialismo norteamericano.

En suma, todos los factores anteriormente descritos, condicionaban el cuadro donde se produciría la violenta confrontación de enero de 1932.

Los hechos

El 2 de diciembre de 1931, ante la difícil coyuntura por la cual atravesaba la sociedad salvadoreña y por temor al ascenso del movimiento de masas, la «oligarquía cafetalera» decide cambiar su fórmula de dominación y auspicia un golpe militar que lleva al poder a un «Directorio Militar», hecho frente al cual ni el Partido Laborista, de Arturo Araujo —en el poder hasta entonces— fue capaz de responder, ni el movimiento popular pudo superar su propio desconcierto. Dos días más tarde, el 4 de diciembre, el Directorio Militar nombraría a Maximiliano Hernández Martínez presidente de la República de El Salvador.

Para el momento en el cual se produce el golpe de Estado, se estaba adelantando una campaña electoral convocada a fin de elegir alcaldes y diputados. El golpe no logró interrumpir totalmente el proceso electoral y el propio gobierno militar se vio obligado a establecer la fecha de las elecciones para el 5 de enero; según lo fijado por el nuevo régimen, se efectuarían primero elecciones para alcaldes, y un día después, las de diputados. Esta contienda electoral vino a jugar un papel detonante de los acontecimientos posteriores al desconocerse y/o amañarse los resultados de la primera ronda (la de alcaldes) y luego suspenderse la elección de diputados debido a la nutrida votación comunista. Los otros contendores salieron por debajo de su cálculos; los candidatos del gobierno militar tenían en contra la impopularidad de éste, así como el hecho de tan solo llevar el gobierno un mes en el ejercicio del poder y, por su parte, el Partido Laborista de Araujo, que había sido una organización de masas, se desmoronó al ser su jefe depuesto y haber marchado al exilio. En definitiva, el gobierno recurrió al fraude mientras los comunistas se sentían ganadores en varios lugares de la zona centro-occidental del país, como en Sonsonate, Santa Tecla, Ahuachapan, Colón y Teotepeque, razón por la cual en la noche siguiente a la suspensión de las elecciones de diputados, el Comité Central del Partido Comunista convocó a una reunión urgente y secreta.[14]

La protesta popular, generada tanto por las dramáticas condiciones de vida, como por el fraude electoral, comenzó con una huelga convocada en la hacienda «La Montañita», en las cercanías de Ahuachapán; y es ahí donde se produce la primera respuesta sangrienta del gobierno de Hernández Martínez, después de efectuarse un enfrentamiento donde murieron varios guardias nacionales. Es oportuno señalar que ya, desde los últimos días del gobierno de Araujo, las masas campesinas se habían mostrado propensas a ejercer la violencia revolucionaria cada vez que fueron reprimidas.

El Comité Central del Partido Comunista buscó primero una salida política, procurando infructuosamente una entrevista con el Presidente de la República. Posteriormente, empieza a barajarse la idea de la insurrección armada, la cual se propone desencadenar el día 16 de enero. Luego, en medio de posiciones encontradas, al considerarse que los preparativos son insuficientes, se pospone la fecha para el día 20, debido al hecho de no poderse dar marcha atrás por estar las masas convulsionadas.

El 19 de enero, por la noche, fueron hechos prisioneros Alfonso Luna, Mario Zapata y Farabundo Martí. Severo golpe para la venidera insurrección, en tanto éstos tenían grandes responsabilidades en los planes a ejecutarse, y particularmente Martí, quien había sido encargado del Comité Central del Partido Comunista para organizar las tareas militares de la rebelión. Además, con su captura, el gobierno ratificaba la existencia de un levantamiento en puertas, al conseguir documentos y armas.

Son descubiertos también elementos conspirativos en el Sexto Regimiento de Infantería. El día 20, el gobierno decreta el «estado de sitio». Al fin, entre la media noche del día 22 y la madrugada del 23 de enero, miles de campesinos armados tan solo de sus machetes y uno que otro de revólver, y sin contar con una efectiva dirección, logran la captura de caseríos y pequeños poblados en los Departamentos de Sonsonate y Ahuachapán. A pesar de los heroicos esfuerzos, los insurgentes, objetivamente, no pudieron alcanzar metas superiores cónsonas con las expectativas planteadas. Inmediatamente después del inicio de la insurrección, barcos de la marina de guerra de los Estados Unidos se hacen presentes en las costas salvadoreñas, apréstandose a intervenir si la situación se tornaba incontrolable para el ejército de ese país. Para justificar la intervención, se alegó la «protección de las vidas de los residentes italiano en El Salvador».

Tres días más tarde, el levantamiento estaba virtualmente aplastado. Durante los últimos días de enero y los primeros de febrero, la reacción terrorista de la «oligarquía» seguiría reprimiendo al campesinado. El 1ro. de febrero de 1932 fueron fusilados los líderes revolucionarios Alfonso Luna, Mario Zapata y Agustín Farabundo Martí, luego de ser condenados por un tribunal militar el día 31 de enero.

Características generales de la insurrección

De una serie de elementos que le fueron propios al proceso del 32, queremos destacar dos características básicas:

La primera es que la insurrección de 1932 fue, fundamentalmente, un alzamiento del campesinado, y sus objetivos tienen que ver, sobre todo, con las aspiraciones de los trabajadores rurales. Tal contenido de clase deriva del hecho que la mayoría de la población vivía en el campo y otros sectores sociales que podían aspirar a una transformación, no poseían ni la madurez ni el grado de desarrollo clasista suficiente para ponerse al frente de los acontecimientos.

La participación de las distintas clases en la lucha se planteó en la siguiente forma:

> En la práctica, fueron las grandes masas campesinas las que constituyeron la fuerza fundamental de las masas en la insurrección. La clase obrera representó una fuerza importante pero no la principal, lo que estaba en relación con su grado de desarrollo en cantidad y calidad. De tal manera, los operarios y obreros de las ciudades, politizados por el Partido Comunista, por el Socorro Rojo Internacional y por sus sindicatos revolucionarios, realizaron heroicos esfuerzos durante la insurrección, pero no constituyeron como clase —ni la fuerza principal ni la fuerza dirigente. La dirigencia del movimiento popular fue extraída de las capas revolucionarias de la pequeña burguesía que había adoptado la teoría revolucionaria del proletariado, pero sin alcanzar a proletarizarse íntegramente.[15]

Por lo demás —y aunque no existen cifras exactas—, se estima que la población rural alcanzaba cerca del 80% del total de habitantes y no existía para ese momento ningún centro urbano que juntara 100 000 personas. Es lógico suponer, dentro de tales circunstancias, la fuerza de una insurrección campesina.

La otra característica que queremos destacar es el hecho de haber sido la sublevación de 1932 una empresa de masas. Aun las informaciones oficiales daban cuenta de la incorporación masiva del campesinado a la lucha, tal como puede verse en la siguiente noticia: «las guarniciones de esas pequeñas ciudades no pudieron resistir a los atacantes...»[16] y, desde luego, el poder de los atacantes no dependía en ninguna medida de su «poder de fuego», sino de tanto, una actitud vanguardista, sino que se vio movido por la los grandes contingentes de masas movilizadas.

El Partido Comunista asumió, por necesidad de acompañar la lucha de un pueblo sublevado de antemano, el cual en muchos momentos escapó a su conducción real. Esto marca una diferencia con aspectos básicos de la Revolución Mexicana, porque en 1910, cuando comienza la lucha de México bajo la dirección de Francisco I. Madero, no existía el Partido Comunista Mexicano.

Problemas confrontados
por el movimiento de 1932

Es bastante difícil establecer el orden de importancia de los problemas con los cuales tropezó el movimiento insurreccional de 1932, pero resulta evidente en primer lugar la inexistencia de un norte preciso, léase «ausencia de un programa revolucionario», lo cual conllevó a una actuación casi a ciegas por parte de las masas. El testimonio de Miguel Mármol es elocuente al respecto:

> ...cuando recuerdo los acontecimientos del año 32 en El Salvador, comprendo que aún teníamos los conceptos revolucionarios como simples fetiches o imágenes, como entes abstractos independientes de la realidad, y no como verdaderos guías de la acción práctica. En 1932 hicimos una insurrección comunista para luchar por un programa democrático–burgués, hicimos soviets en algunos lugares del país pero el contenido de ellos era el de un organismo municipal de origen burgués...[17]

Hacemos el señalamiento anterior a sabiendas de que comúnmente al hablar de los hechos de 1932 se les denomina «insurrección comunista» y nada menos cierto desde el punto de vista programático; por lo demás, salta de entrada una interrogante: ¿era posible una revolución comunista en la sociedad salvadoreña de los años treinta? Pensamos que no porque, entre otros condicionantes, las propias particularidades de la formación social salvadoreña a la cual nos hemos referido antes ameritaban, quizá, acelerar su proceso de maduración, lo cual en un desenvolvimiento contradictorio pudiera haber conducido al requerimiento de un salto cualitativo de esa sociedad. Es probable que tal denominación surja más bien del hecho innegable de haber sido hombres considerados como «comunistas internacionales» quienes desempeñaron el papel más relevante de la rebelión, tal como lo observa Thomas Anderson,[18] y no por haberse agitado un «programa comunista», ni siquiera que tendiera al comunismo, aún cuando se llegó a hablar incluso de la formación de «soviets». Tampoco existen evidencias de haber existido una orientación precisa en cualquier otro sentido. La falta de una línea estratégica previamente delineada fue, pues, una de las características de aquélla rebelión y uno de los determinantes de su derrota.[19]

Un segundo problema en el fracaso de la insurrección estuvo dado por el hecho de haber sido ésta asumida y dirigida por una organización novel. En efecto, cuando se produce el levantamiento (enero de 1932) apenas transcurridos veintidós meses del momento cuando un grupo de revolucionarios decidió constituir el PCS, y aunque desde su nacimiento la organización estuvo firmemente ligada al movimiento obrero y campesino y fue indiscutible su dirección política,[20] no había madurado lo suficiente ni consolidado una maquinaria político-organizativa con la necesaria preparación para encarar con éxito las tareas de la insurrección. Tal debilidad se manifestó con particular peso en lo referente a los escasos preparativos militares, con los cuales el partido y las organizaciones de masas arribaron a la contienda. La inexperiencia en este sentido acarreó dramáticas consecuencias.

Un tercer elemento a revisar lo constituyó el hecho de ir las masas al alzamiento un tanto a destiempo. Decimos esto porque para el momento en el cual ellas se lanzan a la insurrección (ma-

drugada del 23 de enero), ya ésta había recibido golpes demoledo-
res. El Heraldo de Caracas informaba un día antes:

> San Salvador, enero 22 (AP). Ha sido frustrado el complot revo-
> lucionario comunista que obligó al Gobierno a ocupar varias
> ciudades, al darse cuenta de las actividades que se estaban des-
> plegando por parte de los comunistas. La captura de los cabe-
> cillas, que fueron rápidamente sindicados por el Gobierno, ha
> puesto fin al intento.[21]

Ciertamente, a la vanguardia revolucionaria se le presentaba un
dilema: por un lado ya sus mejores hombres y con ellos lo más
importante de sus preparativos habían caído en poder enemigo,
pero por otra parte, ya el llamado a la rebelión era un hecho in-
contrastable y resultaba difícil la marcha atrás. Así las cosas, el
PCS se decidió por seguir adelante sobreestimando las fuerzas
con las cuales aún contaba. Por último, cuando se planteó la posibilidad de la insurrección, los dirigentes de la misma tomaron
en cuenta el hecho de poseer una apreciable influencia al interior
de las Fuerzas Armadas Salvadoreñas. Veamos lo que al respecto
señala uno de los líderes del movimiento:

> En los cálculos contábamos con la incorporación a nuestras fi-
> las de los cuarteles de Sonsonate y Ahuachapán, donde nuestra
> penetración era importante y con la adhesión de por lo menos
> núcleos relativamente numerosos del cuartel de Santa Tecla.
> Teníamos también, en la capital, el apoyo de dos compañías
> del Sexto Regimiento de Ametralladoras que era un regimien-
> to de una gran tradición democrática, de dos compañías de
> caballería, un núcleo pequeño de soldados de Zapote (Regi-
> miento de Artillería) y con todos los soldados de la guarnición
> de la Aviación de Ilopango. A última hora supimos que tam-
> bién contábamos con el apoyo de dos compañías de soldados
> del Regimiento de San Miguel, en oriente, que en torno a ellos

y en espera de una acción conjunta, más de setecientos ciudadanos migueleños estaban reunidos en el cementerio local, listos
para emprender las operaciones. También teníamos núcleos de
oficiales en varios otros cuarteles, pero estos contactos los ma-
nejaba única y exclusivamente Farabundo Martí. Es decir, que
en el seno del Ejército teníamos una fuerza más que suficiente para,
con el apoyo activo de las masas insurrectas del campo y las ciudades,
derrumbar el aparato del estado burgués…[22]

Pero con éste esperado apoyo desde los cuarteles pudo haber sucedido varias cosas: o era más hipotético que real, o el P. C. sobrees-
timó su influencia allí, o —y ésta es la versión más extendida— ese
trabajo había sido instrumentado, dirigido y controlado por un
solo hombre, Farabundo Martí, quien para el momento decisivo
ya se encontraba preso e imposibilitado de sostener vínculos con
el movimiento. El propio Mármol nos ratifica esta última posibilidad: «…La insustituibilidad del Negro [Farabundo Martí] fue de
seguro una de nuestras mayores debilidades».[23]

Lo cierto fue la casi nula participación de soldados a favor de
la insurrección. Algunos intentaron sublevarse pero fueron detenidos y fusilados y en su mayoría, los «comprometidos» —por las
razones que fuesen— no alcanzaron a ponerse en acción.

La masacre

Es prácticamente imposible señalar con exactitud el número de
muertes acaecidas durante la sublevación y posterior represión
que se desató en enero de 1932. Sobre el particular veamos lo
apuntado por Thomas Anderson:

En lo que se refiere a cálculos globales, existen opciones muy
diversas […] López Valecillos dice que en la insurrección tomaron parte unas 16 000 personas, y que 40 000 fueron asesi-

nadas. Mauricio de la Selva dice que el gobierno asesinó unas 30 000 personas. Jorge Schlesinger admite la muerte de 25 000, y el coronel Bustamante señala 24 000. Rodolfo Buezo asegura que vio estadísticas gubernamentales que daban un total de 20 000; el doctor David Luna acepta este número también [...].

Joaquín Castro Canizalez me dijo que sería más o menos unas 16 000. Osmin Aguirre, que comandaba la policía, dice que el número de ejecutados no excedía los 6 ó 7 000. Y el general Peña Trejo dice que solo murieron de 2 a 3 000 [...].

Por supuesto que se puede argumentar que algunos de los cálculos más bajos han sido motivados por consideraciones partidistas. Rollie Poppino, que toca el problema en su estudio general sobre el comunismo latinoamericano, acepta la cifra de 25 000.[24]

Por otra parte, en la investigación hemerográfica efectuada por nosotros en la prensa caraqueña de la época, nos conseguimos con que estos medios noticiosos también difieren en la presentación de los resultados. Señalaban por ejemplo: «...han resultado más de mil muertos»;[25] «...hay más de 1 000 muertos» y «No se han confirmado las noticias que informan dos mil muertos en El Salvador. Viajeros llegados a esta ciudad (Balboa) en avión, dicen que no pasan de 600»;[26] «Los muertos ascienden a cinco mil»;[27] «...las bajas comunistas en distintos lugares del país ascienden a 2 000 hombres más o menos»;[28] «...El Presidente Martínez informó hoy a United Press que el total de comunistas muertos alcanza a quinientos».[29]

El diario *La Religión*, por su parte, en ninguna de sus informaciones relativas a estos hechos, da cuenta del número de víctimas.

Cabe advertir que todas estas cifras fueron las suministradas por el gobierno militar a las agencias internacionales de noticias United Press y Asociated Press.

Puede decirse que la diversidad de cifras tiene relación con el interés de ocultar o exagerar la masacre; pero tomado tan solo la «media» entre las distintas magnitudes, se nos revela una canti-dad extremadamente alta, máxime si tomamos en consideración que la población global de El Salvador era, según el censo de 1930, de 1 437 611 habitantes;[30] y el hecho de haberse circunscrito la con-frontación a la zona centro-occidental del país en la cual residían apenas 1 036 406 personas.[31]

Es importante señalar el hecho de no poder aún aquellas ver-siones «no parcializadas» atribuirle sino una ínfima parte de este «crimen en masa» a la acción de los insurrectos; ejemplo de ello es el siguiente cálculo: «…los rebeldes mataron durante la insurrec-ción cerca de unas 100 personas en total…»[32]

Casi la globalidad de las personas asesinadas lo fueron después de haber sido sofocada la sublevación, siendo por lo tanto, el re-sultado de una despiadada represión desatada por la «oligarquía cafetalera» a través de su ejército contra un campesinado indefen-so. Tal acción estuvo, pues, apuntada contra el campesinado, como puede apreciarse en la siguiente cita:

> La represión se centró fundamentalmente en el campo, y casi solo en la zona de la Sierra Centro-Occidental, que es la zona cafetalera por excelencia y donde la concentración de jornale-ros y campesinos pobres en esa época llega a su máximo, por razones de la recolección de la cosecha.[33]

De acuerdo con algunas afirmaciones, en la zona del conflicto fueron fusilados, sin previo juicio, todos los hombres mayores de dieciocho años, y una de las consecuencias de los referidos acon-tecimientos fue la liquidación de las últimas tribus indígenas que hacían vida en El Salvador. Por lo demás:

> …el gobierno militar prohibió la divulgación de la masacre; llegando inclusive a borrar el año 1932 de la historia oficial del país: los archivos de los periódicos salvadoreños de este año

fueron destruidos y los archivos de los que acompañaron la masacre fueron barridos y destruidos por la policía. En El Salvador, la historia oficial desconoce esta tragedia.[34]

Enero de 1932 fue un hito en la violencia desatada contra el pueblo salvadoreño; no era éste un hecho nuevo, pues el capitalismo recién había nacido golpeando violentamente al campesinado; tampoco será el fin de la violencia; serán tan solo uno de los episodios más cruentos vividos por los salvadoreños.

Significado de la insurrección frustrada

Podemos ubicar por lo menos cinco aspectos en los cuales se pueden traducir los resultados de tan tremenda confrontación.

El primero es el aplastamiento del «enemigo interno». El gobierno militar logra la destrucción del Partido Laborista, del Ingeniero Araujo, con todos los centros de influencia de éste, así como también de cualquier otra expresión política oligárquica distinta a su propio proyecto; y en segundo término, arriba a un objetivo más importante para ellos desde el punto de vista político: el aniquilamiento del verdadero enemigo, o sea, el desmembramiento y casi exterminio del PCS y sus organizaciones de masas. Como consecuencia inmediata de lo anterior, se produce una consolidación política del gobierno militar, constituyéndose en garante de los intereses de la «oligarquía cafetalera».

En el terreno económico, veamos cómo repercutieron tales hechos, siguiendo el juicio de Rafael Menjívar:

> ...la crisis de los años treinta no solamente termina con el proyecto burgués que una fracción de la clase dominante luchaba por imponer, (se refiere al intento de industrialización) sino refuerza a través de la política económica [...] el modelo

agroexportador y brinda la oportunidad de recomposición de la oligarquía.[35]

Dicho de otra forma: el modelo rentístico —antes estudiado— despeja su camino.

En cuanto a las repercusiones internacionales observamos dos aspectos. Por un lado: «La rebelión campesina en El Salvador repercutió hondamente en el resto de Centroamerica y alentó a los propietarios agrícolas acerca de la movilización de aquellas masas que, por primera vez intentaron demostrar su potencialidad política».[36]

Por otra parte Maximiliano Hernández Martínez se ganó la confianza del imperialismo norteamericano, quien después de su actuación en 1932 le otorgará reconocimiento y apoyo a su gobierno; actitud que siguieron los gobiernos de los países latinoamericanos.

Para el pueblo salvadoreño, la aplastante derrota se traduce en una dura experiencia que debe ser estudiada a profundidad a fin de superar los errores en futuras luchas. En este sentido se orientan algunos intelectuales, politólogos y poetas. Así, el impacto dejado en el pueblo salvadoreño por los acontecimientos de 1932 fue magistralmente plasmado por la pluma de Roque Dalton en su poema «TODOS»:

Todos nacimos medio muertos en 1932
sobrevivimos, pero medio vivos
cada uno con una cuenta de treinta mil muertos enteros
que se puso a engordar sus intereses
sus réditos
y que alcanza para untar de muerte a los que siguen naciendo
medio muertos
medio vivos
Todos nacimos medio muertos en 1932

Ser salvadoreño es ser medio muerto
eso que se mueve
es la mitad de la vida que nos dejaron
Y como todos somos medio muertos
los asesinos presumen no solamente de estar totalmente vivos
sino también de ser inmortales
Pero ellos también están medio muertos
y solo vivos a medias
Unámonos medio muertos que somos la patria
para hijos suyos podemos llamar
en nombre de los asesinados
unámonos contra los asesinos de todos
contra los asesinos de los muertos y de los medio muertos
Todos juntos
tenemos más muerte que ellos
pero todos juntos
tenemos más vida que ellos
La poderosa unión de nuestras medias vidas
de las medias vidas de todos los que nacimos medio muertos
en 1932.[37]

Miguel Mármol

Obrero revolucionario desde los primeros movimientos fabriles de
la década de 1920, participa, en 1930, en la fundación del Partido
Comunista de El Salvador. Ese mismo año estuvo entre los delegados salvadoreños al Congreso de la Federación Sindical Mundial
Roja PROFINTERN. A su regreso de Moscú fue detenido por el
gobierno cubano de Gerardo Machado, acusado de «agitador internacional y espía». Durante los sucesos de 1932 en El Salvador,
Mármol se encuentra en la «primera línea», siendo detenido al
frustrarse la insurrección; conducido entonces a un fusilamiento

en masa, logra salvar la vida al creerlo muerto sus ejecutores. Desde la clandestinidad es figura clave en la reorganización del PCS, siendo nuevamente hecho prisionero en 1934 a 1936. Participa luego en los acontecimientos que concluyeron con el derrocamiento de Martínez (1944). A finales de la década de 1940, su actividad revolucionaria lo conduce al exilio en Guatemala, donde colabora con la fundación del Partido Guatemalteco del Trabajo.

Durante la década de 1950, tanto el movimiento obrero salvadoreño como el Partido Comunista, logran cierta recuperación contando con la activa presencia de Mármol. Nuevamente es hecho preso cuando organizaba movimientos campesinos en 1964. Lugo siguió transitando el camino de la revolución desde diversas trincheras.

El «Partido Militar» en el poder

En general, la historia política de El Salvador desde los albores de
su vida republicana, se ha caracterizado por el predominio de los
regímenes despóticos, o autoritarios de distintos matices y naturaleza; en la mayoría de los casos ha existido poco espacio para el
ejercicio de las libertades políticas, la implementación de sistemas
constitucionales, mucho menos para la escogencia democrática
de los gobernantes. El siglo XX inclusive lo inaugura una fórmula
política con características dinásticas: regímenes de los Meléndez
Quiñónez (1913-1927).

Estos gobiernos llegan a su fin hacia el final de los años veinte dando paso a un régimen con algunos visos democráticos, por
lo menos, fue el resultado de unos comicios electorales —aún
cuando las elecciones por sí solas no constituyen una fuente de
legitimación democrática— y hubo cierto apego a la normativa
constitucional durante su breve ejercicio. Pues bien, este ínterin
«democrático» del Ingeniero Arturo Araujo (marzo a diciembre
de 1931), vendría a ser una especie de excepción que confirma la
regla y en medio de la coyuntura descrita por nosotros en el capítulo anterior, de nuevo el poder político, asumiría las características generales que han signado la política salvadoreña, pero ahora
con una nueva cualidad: el poder político se fusiona con el poder
militar.

En efecto, el 2 de diciembre de 1931 se inaugura una nueva
época desde el punto de vista político para la sociedad salvadoreña: la época del partido militar en el poder; entendiéndolo como

una especificidad cuya característica principal es que como plantea Jorge Arias Gómez: «el poder político pasó [...] a manos del Ejército. Este se transformó, en la práctica, en gran elector y en una especie de partido político permanente en armas».[1]

En adelante serían las Fuerzas Armadas las rectoras de la política salvadoreña; asumiendo sus regímenes las expresiones siguientes:

a. Férreo ejercicio anti-democrático. Recuérdese que el «partido militar» debuta con el aplastamiento del movimiento popular de enero de 1932 y en lo sucesivo no cesaría de golpear cualquier manifestación de disidencia. En este sentido caben los siguientes señalamientos:

- Desde la derrota de 1932 hasta el golpe de estado de 1948 se vive un período de total represión al movimiento obrero:

    ...se prohíben incluso la mención de la palabra sindicato. Y (en contrapartida) resurgen las organizaciones gremiales y cooperativas dirigidas por los propios empresarios.[2]

- A lo largo de toda esta etapa las Fuerzas Armadas ejercen un control casi absoluto del país, sin embargo, recurren permanentemente al artificio de crear una especie de mampara política: partido único legalmente permitido. Es así como el gobierno del Gral. Maximiliano Hernández Martínez organizó el PRO-PATRIA, luego durante el régimen del Coronel Oscar Osorio se conformaría el Partido Revolucionario de Unificación Democrática, (PRUD) y en años más recientes el Coronel Julio Adalberto Rivera fundó el Partido de Conciliación Nacional (PCN). Dichos partidos por supuesto, han pretendido darle un viso constitucional a los gobiernos militares, pero sin adelantar el más mínimo intento de democratizar la vida política del país.

- El jefe militar de turno concentra un poder excesivo tal como se deduce del siguiente texto:

  ... el Presidente de la República, [...] es el depositario del más grande poder imaginable: Jefe del Poder Ejecutivo, Comandante General de las Fuerza Armada, Coordinador General del Partido Político Oficialista. En esta calidad, escoge los diputados que tendrán mayoría absoluta en la Asamblea Nacional Legislativa, la cual nombre, con instrucciones del Jefe del Ejecutivo, a los Presidentes y Magistrados de la Corte Suprema y de la Corte de Cuentas de la República, haciendo que la independencia de los Tres Poderes del Estado establecida en el Artículo 4 de la Constitución Política vigente, sea letra muerta. Además, es el Presidente de la Junta Monetaria y el que nombra a todos los Presidentes de las Instituciones Autónomas y a los Directores Generales de las Oficinas Públicas.[3]

- Los gobiernos del «partido militar» de 1932 en adelante han echado mano al argumento de que libran un combate contra la subversión comunista y por esa vía han conculcado todas las libertades políticas y justificado sus innumerables crímenes; con ello, las luchas políticas en El Salvador adquieren un matiz ideológico nuevo: la presencia del anticomunismo como razón de la política represiva de los gobernantes.

b. El «partido militar» ha sido fiel a los intereses económicos de la oligarquía cafetalera.

Muy sucintamente expondremos la articulación de los mandatos del «partido militar» con el modelo económico imperante en El Salvador, antes estudiado por nosotros.

1ro. La «oligarquía cafetalera» ha impuesto una vez más su visión de la economía para lo cual instala en el poder un instrumento político-militar que usa a su antojo.[4] Es por esta razón que ni siquiera otros sectores de la burguesía han logrado imponer sus proyectos de «desarrollo», privando en todo momento los intereses de los propietarios del suelo en función de seguir percibiendo las cuantiosas ganancias derivadas de la «renta diferencial» del café. Ha sido tal el peso de la «oligarquía cafetalera» sobre los gobiernos militares que cuando estos se inician en tiempos de Maximiliano Hernández Martínez, en función de que el modelo no evolucionase sucedían fenómenos como los recogidos en el siguiente texto:

Para entonces, el gobierno salvadoreño prohibió la importación de maquinaria para los ingenios azucareros y algodoneros «para mantener el volumen de empleo en el campo»; otra prueba de la «defensa» de la estructura tradicional es la que contiene el decreto del 26 de octubre de 1939 que propone una política de amplia protección de la artesanía nacional prohibiendo el establecimiento de fábricas que, con un capital mayor de 20 000 colones (8 000 dólares) se dediquen a la producción de calzado, artículos de hojas de metal o zinc, ladrillos, jabones y otros.[5]

Queda muy claro, entonces, a cuales intereses respondió el ascenso del militarismo en El Salvador. Intereses estos que en lo posterior, a pesar de las variantes económicas ensayadas, siempre resultarían favorecidos.

2do. El otro aspecto de importancia en materia económica estuvo dado por el cambio operado, para la fecha de la implantación de los gobiernos militares, en lo relativo a vínculos comerciales con el extranjero. Cabe recordar que, antes de iniciarse los gobiernos militares en El Salvador, no se dieron los «enclaves bananeros» típicos del resto de Centroamérica; los gobernantes salvadoreños ni fueron de los más proclives a contraer empréstitos extranjeros, dentro del conjunto centroamericano; ni tampoco hubo lazos económicos fuertes entre El Salvador y el imperialismo norteamericano, en lo que a comercio exterior se refiere.

Durante este lapso (1930-1944) el sentido de las exportaciones va cambiando, de estar preferentemente orientado hacia Europa, a dirigirse en mayor volumen hacia los Estados Unidos al final del período. De allí en adelante, la vida económica salvadoreña sería un apéndice de las políticas estadounidenses; y ello es parte del proceso ascendente de dominación mundial del imperialismo norteamericano.

1931-1979: medio siglo de regímenes militares

El estudio de la época que hemos denominado «EL Partido Militar en el poder» es importante, no solo por las características antes señaladas, sino por la extensión de la misma. Al respecto, Gregorio Selser observa:

«Posiblemente no haya en América Central y en el continente todo un ejemplo igual al que ofrece la historia de la república de El Salvador, en cuanto a la ostensible presencia de militares en el poder, en lo tocante a continuidad de permanencia.

En esta materia, solamente Guatemala se está acercando al récord salvadoreño. El caso de la familia Somoza, en Nicaragua, no es válido, porque tanto —al igual que la familia Trujillo en República Dominicana— se permitía ciertos interregnos de fachada civil. En la vecina Honduras hubo, en cambio, gobiernos civiles que alternaron el goce pretoriano del poder. El Salvador, en cambio, ofrece la imperturbable frecuencia de regímenes militares que se van sucediendo uno tras otro, con interrupciones brevísimas de uso compartido del poder con figuras civiles, y único caso —que ratifica la regla— que durará contados meses, de un civil que fungiera como presidente (se refiere al Dr. Rodolfo E. Cordón).[6]

Debemos enfatizar que, durante estos cuarenta y ocho años, ha existido plena identidad entre la dominación política y la oligarquía cafetalera, y los intereses estadounidenses, excepción hecha tan solo en el breve lapso de octubre de 1960 a enero de 1961, cuando el directorio cívico-militar, integrado por los doctores René Fortín Magaña, Ricardo Falla Cáceres y Favio Castillo intentaron introducir un ejercicio más avanzado del poder político que pronto fue liquidado por lo intereses combinados de los Estados Unidos y las clases dominantes internas, bajo la justificación siguiente:

> A raíz del movimiento del 26 de octubre de 1960, fuerzas disociadoras se movieron en toda la república, en plan de agitación para socavar y destruir las instituciones patrias, agravando la situación económica al elevar el índice de desocupación urbana y rural.
>
> La Fuerza Armada no pudo sino enfrentar la emergencia del movimiento y cumplir el mandato constitucional que la hace garante del orden público y del respeto a la ley...[7]

De esta forma, el rol político de las Fuerzas Armadas está dado por una intervención sistemática en la vida pública suplantando los partidos políticos en función de mantener el sistema de dominación imperante. Es lo que hemos denominado la «etapa del partido militar en el poder». Aspectos del acontecer político de 1961 en adelante — aun cuando forma parte de la etapa que estamos trabajando— serán analizados en próximos capítulos.

Por las vías del desarrollo

En la segunda mitad del siglo XX, se intenta redefinir el «modelo de desarrollo»; en este sentido, se ensayan desde el poder distintas vías, a saber:

El Mercado Común Centroamericano

Desde el punto de vista económico, para comienzos de la década de 1950, El Salvador inicia un nuevo período histórico, durante el cual las clases sociales dominantes, al igual que en el resto de los países centroamericanos, buscan redefinir una estrategia económica capaz de permitir zafarse de la dependencia respecto a los vaivenes de los precios internacionales de la agro-exportación. Esta nueva estrategia se produce en medio de una coyuntura económica favorable, producto de una bonanza derivada de los altos precios obtenidos por el café a partir de la II posguerra mundial.

La conciencia de las clases dominantes, respecto de lo transitorio de dicha bonanza, las lleva a plantearse la diversificación económica, tanto en el sentido de la explotación agrícola como en el de la iniciativa para adelantar un proceso de industrialización. Pero ésta, de ser abordada por cada país por separado, tropezaba con un problema fundamental proveniente de la estrechez del mercado interno, característica que les es común a todos los países centroamericanos. Es por ello por lo que, apoyándose en la propia experiencia histórica de frecuentes iniciativas e intentos integracionistas globalmente entendidos, se planteó un proyecto regional común, esta vez concebido como integración económica, la cual:

> Gracias a la ampliación del mercado y a una adecuada protección arancelaria, abriría nuevas posibilidades de inversión, sobre todo de este tipo industrial, cosa que el tamaño reducido de cada una de las economías centroamericanas, tomadas por separado, no permitiría hacer a un costo razonable. *No se trata de sustituir totalmente el modelo de crecimiento «hacia afuera».* Las exportaciones tradicionales (café, banano, algodón, carne, azúcar) seguirán [...] jugando un papel importante en estas economías. Más bien el modelo agroexportador se complementaría con ciertos elementos de crecimiento «hacia adentro», a saber, un proceso de industrialización a base de la sustitución de importaciones. Solo que, en vista de la pequeñez del mercado de los países centroamericanos, era requisito su consolidación.[1]

Es importante tener en cuenta que, para el momento cuando Nicaragua, Honduras, Costa Rica, Guatemala y El Salvador inician dicho proceso de integración económica, es éste último, sin lugar a dudas, el país de la región que había logrado conformar un núcleo capitalista más dinámico y sólido,[2] elemento que llevaría: primero, a que fuesen sectores de la burguesía industrial salvadoreña los más interesados en adelantar dicho proceso; y segundo, a que dicho país se presentase con relativas ventajas al mismo. Sin embargo, tal hecho no significa que El Salvador fuera, para entonces, un país industrializado al estilo metropolitano. Solo queremos decir que su industrialización fue la más avanzada dentro del conjunto centroamericano. La cita que a continuación insertamos refleja fielmente nuestro planteamiento:

... en 1950 había treinta y nueve fábricas en el país (El Salvador), con una producción anual avaluada en un poco más de cuatrocientos mil dólares; veintidós de estas fábricas producían bebidas; había otros cincuenta establecimientos con una producción aproximada de doscientos mil dólares y otras ciento treinta y dos con una producción avaluada también en cuatrocientos mil dólares. Casi todas ellas pesaban poco en la balanza de pagos del país.[3]

El otro aspecto a destacar es que, en la conformación del Mercado Común Centroamericano (MCCA), participaron activamente factores externos al área. Es de hacer notar el empeño puesto en este sentido por parte de la CEPAL,[4] así como también merece atención el interés manifestado al respecto por los Estados Unidos, tal como observa Donald Castillo Rivas:

> No es casual que todos los instrumentos de la integración, creados oficialmente por acuerdos de los gobiernos centroamericanos, estuviesen financiados por Estados Unidos principalmente. En 1965-1966 solamente, la contribución norteamericana a los organismos de integración era superior a la de los propios gobiernos centroamericanos...[5]

Comienza, pues, en los primeros momentos de 1950, el proceso de conformación del Mercado Común Centroamericano, del cual El Salvador formaría parte activa.

Eduardo Lizano F.[6] distingue cuatro períodos en la evolución del MCCA, y las ubica de la siguiente manera:

Primero: (1951-1958) en el cual se avanza solo en la firma de los «tratados comerciales bilaterales». Se firmaron seis de ellos.

Segundo: (1958-1960) la «integración» estuvo reglamentada por el «Tratado Multilateral de Libre Comercio e Integración».

Tercero: (1960-1969) período de la consolidación y auge del MCCA; se inicia con la firma del «Tratado General de Integración Económica Centroamericana».

Cuarto: (1969-) a partir de 1969 se inicia un período de estancamiento en el proyecto del MCCA.

Como señaláramos anteriormente, al comenzar la experiencia integracionista, El Salvador atravesaba por una circunstancia económica bastante favorable, lo cual permitió que —en cierta medida— las ganancias derivadas de las actividades cafetaleras y algodoneras fuesen reinvertidas en la industria, a diferencia de épocas anteriores, cuando la burguesía cafetalera simplemente sacaba sus capitales y los colocaba en la banca internacional. Según cálculos apreciables, durante la década de 1950, la formación bruta de capital alcanzó un promedio del 20% de incremento.[7]

Todas estas posibilidades potenciaron la febril actividad integracionista del sector de la burguesía salvadoreña que volcaba sus esfuerzos en la industrialización.

Hemos dicho también que la integración fue una estrategia donde coinciden los intereses de la burguesía industrial salvadoreña con factores externos. Así, pues, con ella se profundiza la penetración del capital extranjero, concretamente de capital estadounidense en El Salvador, hecho éste que puede considerarse un fenómeno nuevo, por cuanto dichas inversiones habían sido, a lo largo de la historia, relativamente bajas, encontrándose más bien orientadas hacia las plantaciones bananeras de Guatemala, Honduras, Costa Rica, y en el Canal de Panamá.[8] Lo anterior es evidentemente un punto de diferencia entre el «desarrollo» capitalista salvadoreño respecto al conjunto centroamericano. En efecto, las inversiones de los Estados Unidos en El Salvador, antes del «industrialismo», eran poco significativas.

En síntesis, de una etapa en que era casi nula la presencia del imperialismo norteamericano, al momento del inicio del capitalismo en El Salvador, se pasa, durante los primeros gobiernos militares —décadas de 1930 y 1940— a un cambio en la orientación del comercio exterior salvadoreño, favorable a los Estados Unidos; para luego, en las décadas de 1950 en adelante, extenderse la penetración estadounidense a la esfera de las inversiones directas en el aparato agroindustrial.

Reformulación de la política económica

Con el fracaso del MCCA antes descrito, el Estado salvadoreño se vio en la necesidad de implementar una nueva estrategia económica, permitiendo la libre entrada del capital extranjero. Así, las empresas transnacionales en El Salvador contaron con el total apoyo del Estado. Más aún, se dictaron leyes favoreciendo sus actividades, como se desprende del artículo 5 de la Ley de Fomento de Exportaciones de El Salvador, sancionada en 1974:

Artículo 5. La persona natural o jurídica nacional o extranjera cuya empresa sea calificada como industria de exportación neta gozará de los siguientes incentivos fiscales:

a) Exención total del pago de impuestos que graven a importación de maquinarias, equipos, repuestos y accesorios que sean necesarios para la producción.

b) Libre internación de Zonas Francas o recinto fiscal, en su caso, de materias primas, productos semi-elaborados, productos intermedios, envases, empaques, muestras y patrones. También gozarán de libre internación, los lubricantes o combustibles procedentes del exterior, cuando no se produzcan en Centroamérica.

c) Exención total de pago de impuestos sobre las ventas por un período de diez años, contado a partir de la fecha de inicio de la producción de la empresa, previa inspección del Ministro de Economía [...]

d) Exención total del pago de impuestos sobre el activo y el patrimonio de la empresa por un período de diez años contado en la misma forma de la letra anterior...[9]

A partir de entonces, hubo un establecimiento notorio de empresas transnacionales, del tipo de industrias maquiladoras, las cuales se caracterizan por producir un solo proceso de un determinado bien que se elabora finalmente en otra planta no necesariamente en ese mismo país. En efecto, el Consejo Nacional de Planificación (CONA-PLAN) define como el tercer objetivo del plan quinquenal salvadoreño la promoción de tales industrias.

Aparte de la actitud complaciente del Estado para propiciar la inversión extranjera, hay otro elemento que atrajo la instalación de las industrias maquiladoras: se trata de las facilidades para obtener fuerza de trabajo abundante y barata, la cual, por lo demás, es una mano de obra no calificada, por tanto puede ser pagada con bajo salario.

Las maquiladoras se caracterizan por ser industrias donde se da un uso intensivo de mano de obra que, al ubicarse donde el salario es bajo, logran altas tasas de ganancias.

Los beneficios que implican la obtención de mano de obra barata lo podemos apreciar en el cuadro siguiente, donde la diferencia a favor de los Estados Unidos está siempre por encima del 1 000 por ciento para cualquier tipo de actividad.

Por otra parte, dentro de estos parámetros, el papel del Estado en la actividad económica también se fortalece. En efecto, contando con el respaldo del Estado, los grupos poderosos se plantean una nueva reformulación de la estrategia económica, incentivando el turismo y la inversión extranjera, la cual se inicia invirtiendo en el establecimiento de zonas francas, hoteles, centro de diversión, desarrollo de las artesanías y otras.

Dentro de esta estrategia tenemos:

> El Estado está impulsando no solo proyectos hoteleros, sino también infraestructura necesaria para el desarrollo de las Zonas Francas (la presa hidroeléctrica de Cerro Grande; el Aeropuerto de Comalapa, ampliación del Puerto Marítimo de Acajutla, ampliación de la carretera de San Miguel; supercarretera a Comalapa; y el plan urbanístico de San Salvador).[10]

Es así como ya, para 1977, hay una penetración fuerte de las empresas maquiladoras, las cuales encuentran un mercado cada vez más atractivo, debido a la creciente sobreoferta de trabajo que se genera en El Salvador por los siguientes elementos estructurales:

- Alta concentración demográfica: cinco millones de personas en un territorio de 21 000 km^2.

- Alta concentración de la tierra, repartida desigualmente; así, el 40% de las tierras cultivables corresponden al 1% de la población;

- Un desempleo del 45% y una tasa de crecimiento demográfico del 3,8%.

Como resultado de los cambios económicos que hemos venido estudiando, puede observarse la presencia significativa de empresas extranjeras en El Salvador en el cuadro que presentamos a continuación, donde se ratifica que la inversión directa del capital extranjero —principalmente estadounidense— penetró en buena medida el aparato productivo salvadoreño.

El fracaso de la vía desarrollista

Si bien en la década de 1970 se logró cierto aumento en algunos productos no tradicionales, la sociedad salvadoreña sigue manteniendo la característica de agro-exportadora y mono-exportadora. Las exportaciones salvadoreñas —y ello es una prueba irrefutable del fracaso del «proceso de industrialización» y de la «vía desarrollista»— más del 60% del valor de las exportaciones de la década de 1970 corresponden a la venta del producto tradicionalmente exportable, o sea, que las características de país agro-exportador y mono-exportador siguen siendo dominantes en El Salvador. La producción de café se ha conservado como eje de la economía por algo más de un siglo.

Ello permite deducir que, no obstante los intentos reformadores, continúa privando la vieja estructura implantada por la «oligarquía cafetalera» y esto será la fuente principal de las contradicciones sociales y la lucha político-militar que estudiaremos más adelante.

Aspectos del acontecer político-social salvadoreño 1950-1979

Hemos estudiado el proceso operado a nivel del aparato productivo en la sociedad salvadoreña durante las décadas comprendidas entre los años 1950 y 1979. Una primera pregunta nos surge de inmediato, referida a: ¿cómo era el comportamiento del aparato estatal respecto a las políticas económicas aplicadas para ese mismo lapso?; damos por respondida tal inquietud, reproduciendo el criterio elaborado por el Programa Centroamericano de Ciencias Sociales:

> Las nuevas características del Estado que emergen en El Salvador después del 48 reflejan una fuerte reorientación de las actividades públicas tendientes a generar la infraestructura necesaria a la expansión agrícola e industrial del país. Si se considera la participación de rubros como Electricidad, Construcción, Transporte, Administración Pública y Servicios Financieros en la generación del PIB, resulta evidente que, sobre todo entre los años 1950-1957, la economía nacional sufrió cambios significativos en la forma de operar. Evidentemente que aun cuando el sector público haya sido el agente principal de estas transformaciones, esto solo ha sido posible gracias al ritmo acelerado de la expansión capitalista y a la recaudación fiscal que ésta ha permitido.[1]

Como puede desprenderse, de ese intervencionismo en la vida económica resultaría, a su vez, un «Estado» como tal, cada vez más fortalecido. Todo esto tendrá importantes expresiones políticas y, de allí, nuestra segunda interrogante: ¿cuáles son los hechos más relevantes en el acontecer político y social del país para los años estudiados? A nuestro juicio, merecen ser revisados los siguientes problemas:

a) Recomposición de la estructura de clases.

b) Creciente militarismo y «guerra del football».

c) Los fraudes electorales de 1972 y 1977.

d) Los nuevos movimientos sociales que emergen en el país.

e) El crimen y la violencia política.

Recomposición de la estructura de clases

Muy someramente, vamos a revisar los cambios que han traído aparejados los procesos económicos vividos por la sociedad salvadoreña, en la estructura de clases.

1. Es de observar que la oligarquía cafetalera —para algunos autores, burguesía agraria— ha extendido sus dominios a otras esferas económicas. De esta forma, las familias tradicionalmente poderosas: De Sola, Regalado, Poma y otras, han conformado una especie de burguesía financiera; aparte de haber abarcado también al aparato industrial. Así mismo, poseen fuertes nexos con la inversión extranjera.

2. Se registra el surgimiento de un nuevo y reducido sector burgués, al añadirse a las clases dominantes tradicionales otros empresarios, provenientes tanto de comerciantes extranjeros radicados en el país como de la burocracia estatal y militar.

3. Puede apreciarse la persistencia de arcaicas formas de producción bajo las cuales vive una considerable población rural, tal como puede deducirse del siguiente texto:

> ... al asentar más de 20 000 colonos en sus fincas, entre
> 1950 y 1961, la burguesía cafetalera está reviviendo la re-
> muneración en especies a través de pequeñas concesio-
> nes de terrenos de mala calidad al campesinado...[2]

4. Por muy tímido que haya sido el industrialismo en El
Salvador —por lo menos en comparación con la industria de
los países metropolitanos—, éste logró ampliar numéricamente al proletariado urbano que, aún así, sigue siendo mi-
noría en el conjunto de trabajadores del país. Por su parte, el
proletariado agrícola se ha incrementado paulatinamente al
ser desplazados, por los agronegocios, los campesinos que
aún eran dueños de tierras. Este proletariado agrícola sigue
siendo, en gran número, trabajadores temporales, absorbi-
dos por la producción de café, algodón y caña de azúcar.

5. La sobreoferta de mano de obra ha conllevado la prolifera-
ción del semi-proletariado y del lumpen-proletariado.

Independientemente de los cambios antes acotados, las variacio-
nes en la estructura de clases no han sido radicales, y la fisonomía
poblacional del país no se ha transformado en lo sustancial; con-
servándose el predominio de la población rural sobre la urbana.

Creciente militarismo y «guerra del football»

Hemos venido apuntando que uno de los factores característicos de
la vida social salvadoreña ha sido la marcada presencia del elemento militar en la vida pública. Arribamos, incluso, a la conclusión

de poder denominar el lapso 1931-1979 como «etapa del Partido
Militar en el poder». Pues bien, este exacerbado militarismo, lejos
de haber decrecido, se ha acentuado en los últimos años. Prueba
de ello es que el ejército salvadoreño posee una excelente preparación profesional y, probablemente, es el más desarrollado entre
sus homólogos centroamericanos. Otra prueba la constituye el hecho de que el CONDECA[3] siempre ha sido presidido por algún
oficial salvadoreño.

El hecho de ser el Ejército un instrumento político de dominación que se ha venido perpetuando en el ejercicio del poder, impregna de rasgos particulares a la política salvadoreña. El factor
miliar toma preponderancia cuando se pretende resolver cualquier problema de la vida social, al proponer los militares soluciones muy en correspondencia con sus funciones y sus prácticas.
Cabe mencionarse, en ese sentido, que frente a problemas como la
sobrepoblación y desocupación en el campo, los militares sostu-
vieron conversaciones con sus colegas guatemaltecos, a fin de que
éstos se anexaran el territorio de Belice, exigiendo la concesión de
ubicar en un lapso de diez años a unos 500 000 campesinos salvadoreños.[4] Pero, si estos planes —concebidos en los días cuando el
proceso de descolonización de Belice se iniciaba— no se pusieron
en práctica, otros proyectos militaristas salvadoreños sí entraron
en ejecución; caso patético el de finales de los años sesenta, cuando la solución encontrada por el gobierno militar a las contradicciones y problemas por los cuales atravesaba el Mercado Común
Centroamericano fue la guerra con Honduras.

Fue la competencia por el control de los mercados centroamericanos, a la cual la burguesía salvadoreña se presentaba con ventajas debido al mayor desarrollo de las fuerzas productivas en su
país, lo que originó las desavenencias con las clases dominantes
hondureñas. Por lo demás, los militares salvadoreños empezaban
a inmiscuirse en la política interna de sus vecinos y, por su parte,

era política oficial hondureña propiciar barreras proteccionistas frente a la penetración cada vez mayor de la industria liviana y el comercio salvadoreños; a lo que se añadió que el régimen hondureño comenzó a hostigar a la inmigración salvadoreña radicada en el país.

Para la fecha, gran cantidad de campesinos salvadoreños se habían desplazado a Honduras en busca de tierras, y se habla de que estuvo en boga, entre la oficialidad del ejército salvadoreño, la tesis de la necesidad del «espacio vital».

El detonante de esta guerra fue un motivo baladí: los juegos de balompié entre las selecciones de ambos países con el objeto de clasificarse para la competencia mundial. De ahí deriva el nombre que usualmente ha recibido esta confrontación bélica: «guerra del football».

Los resultados de esta política guerrerista, implementada por los factores de poder, pueden apreciarse en una larga enumeración de consecuencias señaladas por Roque Dalton, que a continuación transcribiremos:

- Entre 250 y 300 muertos y 1 000 heridos por cada ejército.

- Más de 5 000 muertos entre la población civil (en su mayoría hondureños).

- Varios pueblos hondureños de la frontera borrados del mapa con fuego de artillería y de bazooka.

- Odio entre dos pueblos tradicionalmente hermanos.

- Campos de concentración para salvadoreños en Honduras.

- Decenas de miles de salvadoreños vejados y expulsados de sus tierras.

- Saqueo de las poblaciones hondureñas tomadas por el ejército salvadoreño.

- Ciudadanos hondureños asesinados en El Salvador por el solo hecho de su nacionalidad.

- Revolucionarios y opositores salvadoreños y hondureños asesinados en cada uno de los dos países, bajo la acusación de ser oriundos del país «enemigo».

- Veinte millones de dólares reconocidos como gastos de movilización militar de cada país (abastecimientos, equipos destruidos, etc.).

- Consolidación temporal de ambas dictaduras militares sobre la base de la llamada unidad nacional contra el enemigo de la patria.

- Reducción de la operatividad de las izquierdas organizadas de ambos países ante la ola chovinista.

- División en el seno de las izquierdas organizadas de ambos países ante la alternativa de apoyar o no al respectivo gobierno «nacional».

- Concentración monopólica en diversas ramas industriales de la economía de El Salvador y Honduras ante la quiebra de numerosas pequeñas empresas que no pudieron soportar la merma de mercados para sus productos, al cerrarse el comercio hondureño-salvadoreño.

- Robo de la mayor parte del dinero obtenido por suscripción popular para comprar armas (mediante la venta de los llamados «bonos de la dignidad nacional»), cometido por los más altos funcionarios del régimen de Sánchez Hernández, en El Salvador. La parte del dinero realmente invertida en armas sirvió para comprar helicópteros y armas viejas, desechos casi inservibles de los stock norteamericanos de excedentes de la producción de guerra.

- Rearme y modernización del ejército salvadoreño bajo la dirección norteamericana.

- Rearme y modernización del ejército hondureño bajo la dirección norteamericana.

- Reforzamiento del aparataje militar y de seguridad norteamericana en toda Centroamérica.

- Mayor penetración de las agencias norteamericanas en el aparato estatal de ambos países, a través de planes de asesoría frente a situaciones de emergencia, elevación de instrucción técnica, etc.

- Alza acelerada de los precios de los artículos de consumo en ambos países.

- Militarización del Estado y la legislación de Honduras y El Salvador: el ejército se ha convertido ya no solo en el instrumento represivo fundamental, sino en el gran planificador del desarrollo, el creador de la política internacional e interna de ambos regímenes, la única fuente de poder en el seno del Estado supuestamente nacional, la fuerza que señala los límites de los derechos sociales e individuales.

- Aumento del desempleo en ambos países y descenso de los salarios reales y nominales.

- Decenas de miles de salvadoreños vagando, con su hambre a cuestas, de Honduras a El Salvador, y de El Salvador a Honduras. En Honduras ya no tienen tierras ni trabajo. No son ni salvadoreños ni hondureños: son pobres.[5]

Como puede verse, este hecho dejó una profunda huella en los sectores populares salvadoreños, a la vez que aceleró discusiones internas en las organizaciones revolucionarias que coadyuvaron a delinear sus enfoques futuros. De igual forma, quedó en la población la conciencia de otro sacrificio inútil al que fueron conducidos por quienes dirigen la sociedad. De ahí, que optamos por otra denominación para ese choque armado: «guerra inútil».

Fraudes electorales de 1972 y 1977

En la década de 1970, se producen escandalosos fraudes electorales que, unidos a la represión gubernamental desmedida, reflejan, entre otras cosas, la forma cómo las clases dominantes se aferran al poder a toda costa.

El primero de dichos fraudes ocurrió en las elecciones de 1972, ganada por la Unión Nacional Opositora (UNO), la cual estaba integrada por los tres principales partidos de oposición: el Partido Demócrata Cristiano (PDC), el socialdemócrata Movimiento Nacional Revolucionario (MNR), y la pro-comunista Unión Democrática Nacional (UDN).

La UNO presentó para esas elecciones, como candidatos, al demócrata cristiano Ing. José Napoleón Duarte (como Presidente) y al socialdemócrata Dr. Guillermo Ungo (como Vice-presidente), quienes recibieron un apoyo mayoritario del electorado. Sin embargo, el sector oficialista, tras maquinaciones fraudulentas, instala en la presidencia al coronel Arturo Armando Molina, quien había concurrido, junto con el Dr. Enrique Mayorga Rivas, como candidatos del oficial Partido de Conciliación Nacional (PCN). Posteriormente, repetirán el fraude durante las elecciones legislativas efectuadas en 1974.

Para 1977 fue convocado un nuevo proceso electoral. En ese momento, la oposición política se agrupa una vez más en torno a la UNO, presentando como candidato al coronel Ernesto Claramount. Sucedería algo similar a lo de 1972: de nuevo el oficialismo desconoce los resultados electorales e impone en el poder al general Carlos Humberto Romero; acto éste que fue sellado con las masacres efectuadas por las fuerzas policiales y militares el 28 de febrero y el 1ro. de marzo de 1977, cuando sectores de la UNO protestaron el resultado electoral.

Desde luego, esta práctica de las clases dominantes salvadoreñas de recurrir al fraude electoral ha dejado un sentimiento de frustración política y, sobre todo, una conciencia en las organizaciones populares en el sentido de la imposibilidad de acceder al poder mediante esa vía. Esta cuestión influirá en el curso de los acontecimientos, al plantearse para el pueblo la necesidad de transitar un nuevo camino hacia la conquista de su propio destino.

Nuevos movimientos sociales y políticos que emergen en el país

Un fenómeno de particular interés para la interpretación de la confrontación que ocurre en El Salvador está dado por el hecho de que, a partir de los años sesenta, por un lado, tanto el movimiento obrero como el campesinado se revitalizan y, por el otro, el surgimiento de nuevas expresiones de la lucha social; tal es el caso de los movimientos cristianos de base y del feminismo revolucionario, todo lo cual se sumará al torrente de fuerzas populares en aras de un cambio.

1. En cuanto al movimiento obrero, ducho en luchas de todo tipo, se observa que, para esta fecha, impulsado por las propias condiciones económicas, comienza de nuevo un proceso de radicalización y concientización que lo alejan de aquellas prácticas impuestas desde el oficialismo. Al respecto, en el

trabajo *El Movimiento Popular en Centroamérica*, se hacen amplias precisiones:

En el seno del movimiento obrero, se produce, entre 1975 y 1976, un profundo cambio en la correlación de fuerzas que se expresa en sindicatos y afiliados en las distintas Federaciones existentes. El número de afiliados a la central oficialista CGS, que en 1971 controlaba el 41,4% del total, desciende en 1976 al 19,2%; la FUSS, de dirección comunista, se ve reducida en su afiliación del 20,2% al 11,6%. En gran medida, estas reducciones se producen por desprendimientos de sindicatos que integran nuevas Federaciones —como FESTIAVCES y FENASTRAS— que se ligan a nuevas organizaciones de masas; desprendimientos, igualmente, que se declararán independientes y otras, finalmente, que se trasladan a la federación controlada por la ORIT, FESINCONSTRANS, que aumenta sus afiliados de 4 602 a 20 681 en el período. Posteriormente, se crearán agrupamientos en la izquierda, como la CUTS, que resulta en 1977 de la unificación de la FUSS y FESTIAVCES, con hegemonía del Partido Comunista; el Comité Coordinador de Sindicatos «José Guillermo Rivas» y el Comité Intersindical con influencia del Bloque Popular Revolucionario (BPR), del Frente de Acción Popular Unificada (FAPU), respectivamente. Estos últimos se unirán, en 1980, en el Comité Unificado Sindical (CUS).

En el período, especialmente a partir de 1977, se produce un auge del movimiento obrero que desemboca en huelgas como la de agosto de 1980 y que marca el paso de una huelga de tipo clásico a una de tipo insurreccional.[6]

Este incremento de la lucha obrera será, pues, un factor decisivo en el surgimiento de una situación revolucionaria.

2. Otro movimiento —tal vez de mayor incidencia por el peso específico que poseen los trabajadores del campo en la estructura productiva— es la irrupción de un fuerte movimiento campesino que, al igual que el movimiento obrero, sufriría transformaciones de importancia. Veamos cómo describe tal hecho la Federación de Trabajadores del Campo:

A finales de 1974, la Federación Cristiana de Campesinos Salvadoreños (FECCAS), una organización de obreros y campesinos pobres que, hasta entonces —desde 1964—, había mantenido una línea política indefinida, marcada por la corriente reformista y pequeño burguesa del social-cristianismo y la democracia cristiana, entra en una nueva etapa, dando un salto de calidad: comienza a definir y asumir una línea política que le permita, en la teoría y en la practica, luchar por los intereses fundamentales e inmediatos de los trabajadores del campo [...].

Simultáneamente y paralelamente a este proceso, se gestaba otra organización de jornaleros y campesinos pobres, que ve la luz en los primeros meses de 1975: la Unión de Trabajadores del Campo (UTC) [...].

Esta ultima organización, desde su fundación, asume un perfil revolucionario.[7]

Resulta evidente que las masas campesinas estaban irrumpiendo otra vez en la escena político-social, y exigirían cambios de fondo en el agro, pero, dada la naturaleza de la formación social salvadoreña, es sumamente difícil que la oligarquía cafetalera acceda a una reforma agraria profunda, y ello empuja al movimiento de los trabajadores del campo a incrementar sus niveles de conciencia y de lucha.

3. En este proceso de gestación de nuevos movimientos sociales, ocupa un papel relevante la aparición en escena de un amplio y profundo movimiento cristiano de base que estudiaremos en detalle en capitulo aparte.

4. Reseñaremos, por último, el surgimiento en esta época de distintas organizaciones femeninas que luchan tanto por problemas específicos de la situación de la mujer como contra la represión política, y en general articulan la lucha específicamente reivindicativa con las demandas del movimiento revolucionario. Entre estos grupos, pueden mencionarse la Asociación de Mujeres Progresistas de El Salvador (AMPES), el Comité Unitario de Mujeres Salvadoreñas (CUMS) y, tal vez la más amplia influencia, la Asociación de Mujeres de El Salvador (AMES), constituida legalmente en 1979, luego de aprobar sus estatutos y fijar entre sus objetivos principales del momento los siguientes:

1. Luchar por la vigencia de la igualdad de la mujer en los campos político, económico, social, jurídico, cultural, y laboral.

2. Defender los derechos de los menores, específicamente en lo relacionado a la protección a que están obligados sus padres y el Estado; asimismo, velará por la erradicación de la mendicidad y la delincuencia infantiles.[8]

Del lema de AMES: «Conquistando los derechos de la mujer y la niñez construiremos la nueva sociedad», puede deducirse claramente la identidad de objetivos entre esta asociación y el movimiento popular en su conjunto. De hecho, la mujer ha tenido un papel destacado en el ascenso de la lucha social que se ha operado en los últimos años.

Crimen y violencia política

Por último, hacemos mención a otro fenómeno presente en la política salvadoreña con un grado de incidencia superior a muchos países del continente; se trata del frecuente uso de la violencia política. Esto no es cosa nueva en El Salvador, donde las clases dominantes, a través de toda la historia, han recurrido a un sinnúmero de violencias, arbitrariedades y atropellos contra la población. Toda la «época del Partido Militar» cuenta con el uso de una feroz represión entre sus características.

Ahora bien, en los años sesenta, aparte de las instituciones represivas existentes, empiezan a surgir organizaciones paramilitares de derecha. La primera de ellas se nutrió, contradictoriamente, de humildes campesinos utilizados por la oligarquía para deshacerse de sus enemigos políticos. Se trata de ORDEN (Organización Democrática Nacionalista), organización dirigida por el Gral. Alberto Medrano y que ha proseguido su ejecutoria de crímenes hasta nuestros días. Luego aparecerían otras organizaciones similares, tales como la Unión Guerrera Blanca (UGB).

La ligazón de estas agrupaciones ultraderechistas con el ejército es demasiado evidente y, por ello, la impunidad con que actúan. Líderes políticos opositores, dirigentes gremiales, en fin, cualquiera que no esté ligado al oficialismo está propenso a ser desaparecido, torturado o aniquilado. Es evidente que tal situación de violencia, impuesta por la derecha, condiciona el proceso de lucha armada que se desarrolla a partir de 1979.

La crisis en los años setenta y ochenta

Magnitud de la crisis

La crisis de los años ochenta era una profunda crisis estructural, que evidenció la incapacidad del modelo económico implantado en El Salvador para resolver las necesidades básicas de la mayoría de la población.

La salvadoreña es una economía fundamentalmente rentista, que se mantiene atada a los vaivenes de los precios internacionales del café, y cuyos intentos de diversificación económica, a través de «los procesos de industrialización», han concluido en rotundos fracasos. Esto se ha traducido en un corte del crecimiento económico y, atendiendo a los patrones distributivos imperantes, ha trasladado el peso de los efectos de dicha crisis en un solo sentido: sobre los hombros de los trabajadores. Esta situación ha puesto sobre el tapete de la sociedad profundas contradicciones de clases aún en proceso de experimentar un desenlace.

Desde 1950 hasta principio de la década de 1970, ser observa una relativa estabilidad en las Reservas Internacionales Netas (RIN). A partir de 1975, éstas comienzan a incrementarse significativamente como consecuencia del aumento de los ingresos por concepto de exportaciones, producto del alza que durante los años 1976 y 1977 experimentó el precio del café a nivel internacional. Asimismo, en el año 1978, se produce un aumento del volumen de las exportaciones, hecho que generó una gran afluencia de divisas hacia El Salvador. Sin embargo, tal situación de bonanza no se mantiene: para fines de 1978, las RIN sufren un fuerte descenso, y en 1979 llegan a ser negativas por primera vez en casi treinta años. El factor determinante de la caída fue la baja de los precios de los productos básicos exportables (café-algodón), añadido al pago de intereses de la deuda externa y a la fuga masiva de capitales. En conclusión, el descenso vertiginosos sufrido por las RIN en El Salvador, particularmente a partir de 1979, fue un indicador inequívoco de la profundidad de la crisis económica por la que empezaba a atravesar el país.

Durante el período 1950-1979, el «Producto Territorial Bruto Real» evidenció intensas fluctuaciones en su tasa de crecimiento. Sin embargo, ésta se mantuvo positiva, ya que conservó un promedio de 5%. Las referidas fluctuaciones estuvieron, por supuesto, asociadas al comportamiento irregular de los precios de los productos básicos en el mercado internacional. Sin embargo, después de 1979, la situación prevaleciente a nivel mundial (alza de los precios del petróleo, recesión en los países industrializados y, especialmente importante en cuanto a sus repercusiones para El Salvador, la caída de los precios de los productos básicos), unida a la recesión en los países centroamericanos, provocaron un violento descenso en la tasa de crecimiento del PTB Real que se hizo negativo en ese momento. He aquí, pues, otra expresión indiscutible de la crisis económica que azotaba a El Salvador.

Sobre cómo incide la crisis en la población, nos encontramos con que, bajo sus efectos, un porcentaje bastante elevado de los habitantes del país ni siquiera puede vender su fuerza de trabajo al no estar el sistema productivo en capacidad de absorberlos. Esto evidencia, por supuesto, los males de fondo existentes en la estructura social, tal como lo señala Donald Castillo Rivas:

Esta sobreoferta de fuerza de trabajo en El Salvador está determinada por varios elementos estructurales de la sociedad salvadoreña. Entre ellos, cabe mencionar el explosivo crecimiento demográfico en un territorio sumamente pequeño (casi cinco millones de personas en 21 000 km²), una altísima concentración de la tierra (40% de las tierras cultivables pertenecen al 1% de la población), una tasa de crecimiento demográfico del 3,8% y, finalmente, un desempleo y subempleo del orden del 45%.[1]

En general, el pueblo salvadoreño vive una situación de dificultad que tiene sus raíces históricas en la conformación de su actual sistema capitalista, y la cual podría ser sintetizada en los siguientes términos:

> Al examinar las condiciones de vida del pueblo, nos enfrentamos a una realidad escalofriante. Analfabetismo del 50% de la población, el índice de mayor mortalidad lo tienen enfermedades fácilmente controlables con un mínimo de medicina social preventiva: las enfermedades gastrointestinales, por un lado y, por otro, los estragos que causa la desnutrición. La dieta del campesinado se compone de frijoles y tortillas de maíz, a la que se agregan, en algunas ocasiones, hortalizas. El consumo de leche, carne, huevos es muy bajo, aun en las ciudades. El pueblo de El Salvador tiene un índice de desnutrición entre los más altos del mundo...[2]

En cuanto a los problemas alimentarios, es conveniente tomar en cuenta que, aun cuando El Salvador posee una economía basada principalmente en la explotación del campo, la producción se ha volcado a la exportación, ocupándose para ello la mayor cantidad de tierras, y también las mejores en cuanto a calidad de sus suelos. Progresivamente, han sido desplazados los cultivos para la subsistencia (cereales) hacia las peores tierras de los departamentos de Cuscatlán, Cabañas, Morazán, Chalatenango, San Vicente y La Unión.[3] Lo anterior ha traído como consecuencia una producción insuficiente para el mercado interno y, por lo tanto, la necesidad de importar buena parte de dichos productos; trayendo aparejado el encarecimiento de la dieta de los sectores de más bajos ingresos.

Es bueno apuntar que el reconocimiento de la existencia de una situación crítica no se restringe tan solo a los sectores interesados en un cambio político o social, sino que el cuadro de miseria extrema, en la cual vive la mayoría de la población salvadoreña, no puede ser soslayada ni siquiera por los representantes del actual sistema de dominación. Por ejemplo, en el informe de la Comisión Kissinger, se admite que:

> … en El Salvador, en 1980, 66% del ingreso nacional fue recibido por el 20% más rico de la población, mientras el 20% más pobre solo recibía el 2% de dicho ingreso. Más del 60% de la población de la región vivía en estado de pobreza en 1980 [...], y más del 40% en estado de extrema pobreza…[4]

Y, aunque en este informe se pretende señalar como causa principal de la insurgencia en Centroamérica la ingerencia cubano-soviética, no obstante se ven forzados a reconocer lo siguiente:

> El descontento es real y muy generalizado y, para gran cantidad de la población, las condiciones de vida son miserables; así como Nicaragua estaba madura para su revolución, del mismo modo las condiciones que invitan a una revolución están también presentes por toda la región…[5]

Podemos afirmar, entonces, que la sociedad salvadoreña entró en la crisis estructural más aguda de los últimos tiempos después de la vivida a inicios de los años treinta. En este contexto, es, precisamente, donde se gesta la actual confrontación.

El golpe militar del 15 de octubre de 1979

A mediados del año 1979, todo parecía indicar que en El Salvador se avecinaba una tormenta de vastas proporciones. El gobierno del Gral. Carlos Humberto Romero se agotaba rápidamente, y comenzaban a moverse los hilos en función de un «recambio» en el equipo gubernamental, tal como nos tiene acostumbrados las Fuerzas Armadas salvadoreñas; tan solo que ahora el «cambio» tomaría un rumbo distinto. Ya no tenían cabida las fórmulas tradicionales, puesto que el grado de conciencia, organización y movilización de las fuerzas populares no le permitían a las clases dominante implementar una de sus salidas típicas. Por otra parte, las contradicciones de la sociedad habían llegado a los cuarteles y, por secretos que fuesen, se conocían de los movimientos de la llamada «Juventud Militar».

El estado de efervescencia política podía ser apreciado por todas partes, y si tomamos por ejemplo cualquier manifiesto público proveniente de sectores populares puede calibrarse el fermento revolucionario como se distingue en las siguientes líneas:

> La lucha popular ha entrado en un nuevo momento, donde se advierte la participación firme y decidida de la clase obrera, haciendo sentir su solidaridad militante en los conflictos de La Constancia, La Tropical, Pezca, Pronacsa. En esta forma es que los obreros han parado más de veinte fábricas con la participación de diez mil obreros en la realización de dichos paros, incluyendo el corte de energía eléctrica a nivel nacional, como mecanismo de presión para que sean resueltas todas las demandas de los obreros en huelga. Esto es una muestra de heroísmo, la abnegación y la solidaridad militante de la clase obrera que *ha dado saltos y enormes avances en conciencia y organización*.[6]

Y si éste era el estado de la lucha obrera, un fenómeno similar ocurría en otros sectores sociales, particularmente en el de los trabajadores del campo, que se habían puesto en movimiento. Es frente a tal realidad que los grandes propietarios de El Salvador, asesorados por la embajada estadounidense, conciben un *golpe militar preventivo* y, penetrando al movimiento de la Juventud Militar, dan pasos concretos en el sentido de que su poder político no corriese peligro. Todo este movimiento fue precipitado, en gran medida, por el triunfo de la Revolución Popular Sandinista de la vecina Nicaragua.

Al fin, el 15 de octubre, un movimiento militar —en cuyo «Grupo Coordinador» figuraban el Tte. Cnel. Francisco René Guerra y Guerra, el mayor Álvaro Salazar Brenes, el mayor Román Barrera, el Cnel. Jaime Abdul Gutiérrez, el capitán Amílcar Molina Panameño, y el capitán Francisco Emilio Mena Sandoval— depone al régimen.

Independientemente de la heterogeneidad de la conspiración, y del posterior gobierno, cabe subrayar que en el golpe tuvo participación activa del gobierno de los Estados Unidos, tal como observa José Fajardo:

> La única manera de aplazar la crisis era forzar la salida de la presidencia de la República del general Carlos Humberto Romero, tarea a la que se dedicaron los últimos meses dos hombres claves del Departamento de Estado: Viron Vacky, saliente subsecretario para Asuntos Latinoamericanos y, William Bowlder, jefe de la Oficina de Inteligencia e Investigaciones y sucesor ahora de Vacky.
>
> Fracasadas esas presiones de la diplomacia norteamericana, solo quedaba un camino: estimular a los jóvenes militares centristas para que derrocaran a Romero...[7]

Esta salida implicaba sus riesgos para la oligarquía y el imperialismo, puesto que el movimiento de la Juventud Militar —por lo menos a través de varios de sus integrantes— poseía ciertos nexos con las aspiraciones populares; pero era preferible impulsarlo para luego dominarlo, a correr peligro de la insurgencia popular.

Desde el 15 de octubre, en su política de manipulación, los nuevos gobernantes prometieron incorporar un buen número de civiles y adelantar algunas reformas de importancia. Se justificó el derrocamiento de Romero en la forma siguiente:

> ...la Fuerza Armada, cuyos miembros siempre han estado identificados con el pueblo, decide, con base en el derecho de insurrección que tienen los pueblos cuando los gobernantes se apartan de la ley, deponer el gobierno del general Carlos Humberto Romero, e integrar próximamente una Junta Revolucionaria de Gobierno, compuesta mayoritariamente por elementos civiles, cuya absoluta honestidad y competencia estén fuera de toda duda, dicha Junta asumiría el poder del Estado con el fin de crear las condiciones para que en nuestro país podamos todos los salvadoreños tener paz y vivir acorde a la dignidad del ser humano.[8]

Es de observar que, lo ocurrido el 15 de octubre fue un movimiento cuartelario en el cual el pueblo no tuvo participación activa.

Toda la retórica que adornó el golpe militar logró crear expectativas sobre las posibilidades de «cambios» con el advenimiento del nuevo gobierno. Se reforzaba esta esperanza tanto por los argumentos esgrimidos en los móviles de la rebelión, entre los cuales figuraban especialmente: a) la violación de los derechos humanos por parte del régimen depuesto y b) el fomento escandaloso de la corrupción en la administración pública y en la administración de justicia; como también por los lineamientos del programa a emprender, donde se contemplaban, entre otras medidas: 1) disolución de la organización paramilitar ORDEN, así como otras estructuras que propiciasen la violación de los derechos humanos; 2) elecciones libres y garantías para el ejercito político y sindical con independencia de la ideología que profesasen; 3) amnistía general; 4) reforma agraria; y 5) fortalecimientos de los vínculos con el hermano pueblo de Nicaragua y su gobierno, y otros.[9]

Tales promesas fueron más o menos creíbles en la medida en que dentro de la heterogeneidad de la Junta de Gobierno figuraban militares como el coronel Adolfo Arnoldo Majano, y civiles como el rector de la Universidad Centroamericana «José Simeón Cañas», Ramón Mayorga Quiroz, y el dirigente del socialdemócrata Movimiento Nacional Revolucionario (MNR), Dr. Guillermo Manuel Ungo; personalidades que, de una u otra forma, habían venido representando intereses distintos a los tradicionalmente dominantes en El Salvador.

Se afirma que la Juventud Militar asumió, como base de sustentaciones programática, el folleto producido por la UCA, titulado: *La teoría y la práctica de la Doctrina de la Seguridad Nacional debe ser sustituida por nuestra Constitución,*[10] aunque también se opina que dicha Juventud Militar poseía sus propias propuestas, programas presentados por los oficiales Salazar Brenes y Guerra y Guerra.[11]

A pesar de existir, tanto elementos teóricos como hombres con otra visión político-social, pronto, dentro de los distintos factores involucrados en la asonada militar, empezaron a prevalecer las fuerzas vinculadas a los grandes propietarios internos y al imperialismo norteamericano, las cuales, tempranamente, ya habían asomado algunas de sus motivaciones para el golpe. Leyendo entre las líneas la «Proclama de la Fuerza Armada» emitida a raíz del golpe, podemos advertir cuál era su interés: «...la corrupción y la falta de capacidad del régimen, *ha provocado desconfianza en el sector privado,* por lo que cientos de millones de colones se han fugado del país...»[12]

Y, de hecho, no estaba seriamente amenazado el *statu quo*, cuando a los pocos días del golpe: «La todopoderosa Asociación Nacional de la Empresa Privada (ANEP) manifiesta, a través de su presidente, Francisco Callejas, que el golpe militar no es un ataque al sector privado, que ahora es más importante que nunca para el bienestar de El Salvador...»[13]

Al pasar a la ofensiva, los intereses del imperialismo y la empresa privada, incorporan a la junta uno de sus cuadros destacados: Antonio Mario Andino, asesor en materia económica. Este sería uno de los primeros pasos visibles a fin de garantizar una correlación de fuerzas favorables. Otros pasos bien definitorios ya se habían operado en la estructura de mando de las Fuerzas Armadas, asumiendo puestos claves, elementos distintos a los que en un principio conformaban el grupo conspirador. De esta manera, controlan el ejército oficiales reaccionarios como el coronel José G. García y el general Carlos Eugenio Vides Casanova.

La Junta Revolucionaria de Gobierno se debatía en profundas contradicciones. Por un lado, era presionada por la extrema derecha y, por otro, el movimiento popular ganaba la calle exigiendo reformas profundas. Tal vez la medida reformista más trascendente dictada por la Junta fue la «Ley de afectación y traspaso de tierras agrícolas a favor de sus cultivadores directos», la cual fue severamente criticada por la oligarquía cafetalera, aun cuando sus intereses nunca corrieron peligro en el proyecto de implementación de la referida ley.

La derecha fue recuperando cada vez mayor terreno en el gobierno salvadoreño, lo que llevó a renuncias sucesivas de los elementos más avanzados que integraban el tren gubernamental. Al comienzo del año 1980, se retira de la Junta el Dr. Guillermo Manuel Ungo; algo similar ocurre con el ministro de Educación, Salvador Samayoa. Incluso fueron perdiendo posiciones al interior del gobierno elementos avanzados de la propia Democracia

Cristiana, como el Ing. Héctor Dada, en la misma medida en la cual se fortalecía el sector demócrata cristiano de José Napoleón Duarte, sellándose un pacto entre este grupo y los militares más reaccionarios, que ubicaría al gobierno definitivamente del lado contrario al pueblo. Se truncaba con ello una posibilidad de cambios populares y de aquí en adelante —en lo inmediato— solo habrá cabida para la confrontación armada.

El gran viraje de la Iglesia salvadoreña

La Iglesia católica, cuyo enraizamiento en la sociedad salvadoreña es bastante profundo y antiguo —data desde la más temprana edad de El Salvador como entidad— había jugado históricamente el papel de instrumento de y para la dominación. Identificada con los intereses de la oligarquía cafetalera, fue por mucho tiempo una especie de «punta de lanza» en el ataque contra la propagación de los ideales socialistas y/o cualquier otra línea de pensamiento que contradijese la ideología dominante.

Tales posiciones de la Iglesia Católica resultaron particularmente patéticas cuando se produjo la gran confrontación social de comienzos de la década de 1930. Ejemplo de ello fueron las pastorales de Monseñor Alfonso Belloso y Sánchez, de octubre de 1931 y de mayo de 1932, dedicadas íntegramente a combatir «el comunismo». Monseñor Belloso y Sánchez era, para la época, administrador apostólico de la Arquidiócesis y Obispo de San Salvador, por tanto representaba la voz oficial del catolicismo.[14] La referida postura de la Iglesia que, recomendaba a los cristianos que no se «contaminasen de herejía», perduraría por muchos años entre los clérigos salvadoreños.

Será solo a partir de los años sesenta cuando empiece a operarse un proceso de cambio en la actitud de los cristianos frente a los problemas sociales y a darse una mayor identificación entre la Iglesia como tal y las aspiraciones de los sectores empobrecidos del país. Este fenómeno forma parte importante de una experiencia global de la Iglesia latinoamericana, cuyos eventos más significativos: Medellín 1968 y Puebla 1979 (II y III Conferencias Generales del Episcopado Latinoamericano) vislumbraron tanto un nuevo cuerpo de ideas como una nueva actitud práctica en torno a la manera de entender el Evangelio.[15]

Particularmente, cabe destacar el significado del evento de Medellín en torno al viraje del cristianismo americano, tal como lo expresa en el siguiente texto:

> De entonces a acá la situación general de la Iglesia en América Latina es cualitativamente distinta. De entonces a acá empieza a darse, por eso, *una persecución masiva, generalizada y sistemática* contra los cristianos, laicos, sacerdotes, religiosos y obispos. Es una persecución que se corresponde exactamente con la masiva, generalizada y esperanzadora aparición de comunidades cristianas organizadas y combativas, con sacerdotes y obispos que desde ellas leen el evangelio, rompen con la pasividad y el fatalismo que nunca ha querido Dios y se organizan para luchar por la liberación que Jesús anunció a los pobres.[16]

La transformación asumida por la Iglesia en El Salvador se puede evidenciar en procesos como el de la Federación Cristiana Campesina Salvadoreña (FECCAS), que habiendo surgido en 1972, ligada en un principio a la derechista Democracia Cristiana, al profundizarse la lucha social y acentuarse la concientización del pueblo y de la Iglesia, poco a poco se va convirtiendo en una fuerza organizada del campesinado, compenetrada con sus más urgentes reivindicaciones y convertida en uno de los nutrientes fundamentales de las organizaciones populares.[17]

Este cambio, que se viene gestando en las bases del cristianismo, impregna también a la alta jerarquía eclesiástica, cuya expresión más nítida fue la identidad con las nuevas ideas paulatinamente alcanzadas por monseñor Oscar Arnulfo Romero (Arzobispo de El Salvador), quien, en momentos en los cuales la lucha de masas ascendía y se le impedía todo cauce democrático, llegó a afirmar lo siguiente:

> Los cristianos no le tienen miedo al combate, pero prefieren hablar el lenguaje de la paz. Sin embargo, cuando una dictadura atenta gravemente contra los derechos humanos y el bien común de la nación, cuando se torna insoportable y se cierran los canales del diálogo, el entendimiento, la racionalidad, cuando esto ocurre, entonces la Iglesia habla del legítimo derecho a la violencia insurreccional.[18]

Y el mismo monseñor Romero, al referirse al papel que debe jugar la Iglesia en la sociedad actual decía:

> Ante todo, que sea Iglesia, es decir: identidad y autenticidad para enfrentar un ambiente de mentira y ausencia de sinceridad, donde la misma verdad está esclavizada bajo los intereses de la riqueza y el poder. Es necesario llamar a la injusticia por su nombre, servir a la verdad. Denunciar la explotación del hombre por el hombre, la discriminación, la violencia infligida al hombre contra su pueblo, contra su espíritu, contra su conciencia y sus convicciones. Urgir cambios estructurales, acompañar al pueblo que lucha por su liberación...[19]

Por ello, su conclusión es definida y militante: «Es un deber de una Iglesia auténtica, su inserción entre los pobres, con quienes debe solidarizarse hasta en sus riesgos y en su destino de persecución, dispuesta a dar el máximo testimonio de amor por defender y promover a quienes Jesús amó con preferencia.»[20]

La propia derecha salvadoreña contribuiría a radicalizar más a la Iglesia, mediante una serie de atropellos en su contra: situación que refiere Pedro Miranda en los siguientes términos:

> A mediados del año 1977, la persecución contra la Iglesia en El Salvador había adquirido una dimensión y virulencia que culminó con el asesinato de sacerdotes, profanación de templos, capturas y torturas de religiosos y fieles; allanamientos, robos de bienes de iglesias y sus locales; expulsiones de sacerdotes extranjeros luego de ser sometidos a vejaciones y torturas. La protesta de la Iglesia salvadoreña fue desoída por el Gobierno y por las organizaciones empresariales de la oligarquía que, además de la participación de los cuerpos represivos en estas acciones, movilizaba a sus bandas paramilitares (ORDEN y UGB, principalmente). La protesta adquirió dimensión internacional, pero con iguales resultados.[21]

En síntesis, a partir de la década de 1970, se generó en El Salvador una situación que ha sido catalogada como persecución a la Iglesia, sus instituciones o contra miembros representativos de ella. Como prueba de ello señalaremos algunos de los hechos más significativos:

- Durante el año 1976, las instituciones de la Iglesia fueron blanco de ataques con bombas, seis de las cuales fueron colocadas en la U. C. A. (Universidad Centroamericana «José Simeón Cañas»), dirigida por jesuitas. Asimismo, le colocaron bombas en la imprenta del Arzobispado y en la Librería Católica San Pablo.

- En ese mismo año, el Gobierno y las organizaciones clandestinas de derecha, apoyadas por la empresa privada, emprendieron una campaña de difamación contra la Iglesia.

- En febrero de 1977 se produce la expulsión del sacerdote colombiano Mario Bernal.

- En marzo del mismo año, es asesinado Rutilio Grande, S. J., «el Padre Tilo», «primer cura mártir» del pueblo salvadoreño, párroco de Aguijares, y cuya influencia evangelizadora abarcaba el ámbito nacional. Con ello se abre la lista de asesinatos de sacerdotes en El Salvador, y comienza a profundizarse y a hacerse cada vez más sangrienta la persecución contra los cristianos. Sucesos de este tipo acentúan el proceso de radicalización de la Iglesia, no solo en El Salvador, sino en toda América Latina.

- En el mes de mayo de dicho año, el ejército toma y saque la casa parroquial del mismo pueblo. Se profana la Eucaristía. El padre Carranza y otros dos sacerdotes son esposados y llevados al destierro.

- También, por esos mismos días, es perpetrado por la Unión Guerrera Blanca (UGB) el crimen contra el padre Alfonso Navarro Oviedo y su monaguillo.

- El 26 de agosto, en el cantón El Salitre, miembros del grupo paramilitar de derecha ORDEN capturan, torturan y dan muerte a dos reconocidos catequistas: Serafín Vásquez y Felipe de Jesús Chacón.

- El 28 de noviembre de 1978 matan al cura Ernesto «Neto» Barrera Moto, pionero en la evangelización de los obreros. Aunque la versión oficial quiso mostrar el hecho como muerte en combate entre guerrilleros y soldados, el examen forense hecho a instancias del Arzobispado determinó que había recibido torturas salvajes antes de ser ultimado.

- El 20 de enero de 1979, es ametrallada la casa de retiros y ejercicios espirituales «El Despertar», situada en la parroquia de San Antonio Abad, en un operativo combinado de la Guardia Nacional y la Policía. Murieron cuatro jóvenes y, junto a ellos, el padre Octavio Ortiz, gran impulsador de las Comunidades de Base en San Salvador.

- El 23 de marzo de 1980, en momentos en que oficiaba misa, es asesinado monseñor Oscar Arnulfo Romero, hecho de profunda repercusión en el acontecer de los años recientes de El Salvador.

- La YSAX, emisora del Arzobispado fue volada y destruida en varias ocasiones, quedando fuera de servicio cuando una bomba destruyó los transmisores, poco después del asesinato de Monseñor Romero.

En fin, un amplio sector de la Iglesia Católica es parte activa en la actual confrontación, por ello, es reprimida duramente; pero es quizá ese viraje de un considerable sector cristiano, el factor que inclina la correlación de fuerzas sociales en favor de la Revolución en curso. De 1980 en adelante, los cristianos seguirán concurriendo a sus actos litúrgicos —aun en aquellas zonas en guerra— y muchos de ellos, militantes del FMLN, en zonas bajo su control, continuarán recibiendo la comunión. Pero esta vez, aparte de inclinar la cabeza y unir las manos sobre el pecho, llevarán un fusil al hombro.

Guerra revolucionaria: sus etapas de desarrollo

La posibilidad de desarrollar una lucha guerrillera en El Salvador, no solo fue un elemento polémico a lo interno del movimiento revolucionario de ese país, sino que pareció hasta un absurdo desde la perspectiva de políticos y observadores de otros países latinoamericanos donde se habían gestado procesos de esa naturaleza, y en los cuales se procedió tomando en cuenta los esquemas puestos en prácticas fundamentalmente por los revolucionarios cubanos.

Casi axiomáticamente, hablar de lucha guerrillera, presuponía: guerrilla rural con una duración más o menos prolongada, y dentro de los cánones de este pensamiento surgía inmediatamente una especie de condición *sine qua non*: existencia de condiciones apropiadas para la implantación de este tipo de lucha. Entre otros elementos, había un requisito básico, relativo a las particularidades del medio geográfico y/o topográfico. Suponía esta tesis un aprovechamiento de las áreas selváticas, existentes en general en casi todos los países de Latinoamérica, cuestión analizada por Ernesto «Che» Guevara en su manual *La Guerra de Guerrillas*, donde, refiriéndose a los terrenos favorables, señala:

> Pero mucho más rápidamente que en los terrenos desfavorables, podrá la guerrilla asentarse, sedentarizarse, es decir, formar un núcleo capaz de establecer una guerra de posiciones, donde instale, adecuadamente protegidas de la aviación o de la artillería de largo alcance, las pequeñas industrias que ha de necesitar, así como los hospitales, centros educativos y de entrenamiento, además de los almacenes, órganos de difusión, etc.[22]

De ahí la noción usual de que no se desarrolla una guerrilla donde no hay montañas. Salvo la experiencia en el sur del continente, todos los movimientos insurgentes latinoamericanos había puesto en práctica este sistema operativo. Pero El Salvador poseía una realidad muy diferente; para empezar, no existen zonas montañosas tal como en otros países del hemisferio, además de ser un territorio extremadamente pequeño (apenas 21 000 kilómetros cuadrados), donde las Fuerzas Armadas poseían un control de casi la totalidad del territorio.

Lo anterior implica la inexistencia de una región que sirviese de retaguardia natural en el interior del país, similar al papel jugado por la «Sierra Maestra» en la Revolución Cubana. Por otra parte, los países con frontera común a El Salvador son hostiles a las iniciativas revolucionarias, o sea, que tampoco contaba una lucha guerrillera con la posibilidad de poseer una retaguardia exterior segura; tal como fue el caso de Vietnam. Es por todo esto por lo que, cuando en los años setenta surgen organizaciones revolucionarias que proclaman la lucha armada, se vio esto como un hecho bastante difícil de poner en práctica. Los años posteriores dirían lo contrario, particularmente los cinco primeros años de la década de 1980. Hoy podemos, inclusive, apreciar distintas etapas transitadas por el movimiento revolucionario en armas. Expondremos las características más generales de cada una de ellas.

Años de gestación de las organizaciones revolucionarias

Realmente, transcurrió un breve lapso histórico desde el momento cuando grupos revolucionarios se plantearan la posibilidad de asumir la perspectiva política con otro sentido, otros métodos y a través de otra vía: el camino armado, hasta el momento en el cual los problemas del poder político empezaron a dirimirse en el campo de batalla. Entre 1970 y 1979, nacen varias organizaciones político-militares: Ejército Revolucionario del Pueblo (ERP), Fuerzas Populares de Liberación (FPL), Fuerzas Armadas de la Resistencia Nacional (FARN), que en un principio no se diferenciaban mayormente de cualquier grupo vanguardista del continente, pero las condiciones de El Salvador impondrían un desarrollo acelerado de ellas tanto en lo político como en lo militar.

Una vez nacido el germen de la lucha armada, fundamentalmente en las ciudades, encara por el año 1975 el problema de la conformación de las «milicias populares» y se organiza por primera vez la autodefensa armada de los conflictos de masas. Será durante el auge de la lucha popular, que se desata entre 1978-1979, cuando las referidas organizaciones adquieren una significación preponderante en la política del país.

En la medida en que se seguía desarrollando el movimiento popular, se empiezan a conformar las primeras unidades militares en el campo. Recuérdese que el auge del movimiento laboral del año 1979 fue significativo, aun respecto de otros países del hemisferio, y éste fue la nutriente del ejército revolucionario en gestación. Con sus avances y retrocesos, con dificultades de muchos tipos, ésta fue una etapa necesaria que abriría las puertas a los años ochenta con mayores posibilidades de desarrollo.

La insurrección de enero de 1981

Pareciera que enero es un mes para las insurrecciones en El Salvador (enero de 1932-enero de 1981), y para esta fecha del año 1981, los revolucionarios consideraron oportuno llamar a la insurrección.

Hemos estudiado anteriormente cómo la Junta de Gobierno tomaba cada vez más un perfil de derecha, frente a lo cual la oposición revolucionaria profundizó las movilizaciones de masas, a la vez que daba importantes pasos de avance en cuanto a su unidad interna. De ahí nació, primero, la Coordinadora Revolucionaria de Masas y, luego, al irse solidificando las bases de la unidad, el Frente Democrático Revolucionario (FDR). En su primera declaración, el FDR anunció la decisión de constituirse como frente amplio, con el objeto de «impulsar la lucha de liberación y construir una nueva sociedad» en torno a la plataforma de un Gobierno Democrático Revolucionario.

El FDR fue descabezado a fines de noviembre de 1980, cuando sus principales dirigentes fueron capturados por las fuerzas de seguridad durante una reunión pública en la capital salvadoreña y luego seis de ellos torturados y asesinados, incluyendo su presidente, Enrique Álvarez Córdoba, miembro de una importante familiar cafetalera salvadoreña. Asumió entonces la representación del FDR el socialdemócrata Guillermo Ungo, dirigente del Movimiento Nacional Revolucionario. El asesinato de los dirigentes del FDR obligó a esta agrupación a pasar prácticamente a la clandestinidad, y a diversos dirigentes a actuar en el exterior, cerrando las puertas a cualquier actividad opositora legal en el país.[23]

Es de notar que la actividad legal iba siendo cancelada desde antes, planteando, por consiguiente, la lucha en otros terrenos, y si el movimiento popular había arribado a su unidad de acción con el FDR, otro tanto empezarían a implantar sus vanguardias armadas, proceso que alcanzaría un escalón importantísimo cuando en octubre de 1980 se constituye el Frente Farabundo Martí para la Liberación Nacional (FMLN). En lo sucesivo, las fuerzas populares poseerán una mayor contundencia política y también una mayor capacidad de choque. El año 1981 se iniciaría con una insurrección a puertas.

Para el día 10 de enero, el FMLN lanza una ofensiva de características insurreccionales; dos días más tarde, el FDR convoca a una huelga general en apoyo a las acciones del FMLN. El país fue paralizado por el choque de fuerzas; sin embargo, la «ofensiva final» no fue tal. Las agencias noticiosas difundieron entonces la versión oficial que la insurrección no había cristalizado, refiriendo los hechos como victoria para el ejército.

En verdad, esta insurrección armada anunciada encontró mejor preparado y asesorado a dicho ejército, y no pudo haber una definición de la situación. Aunque no podemos señalar con plena certeza las causas por las cuales enero de 1981 no concluyese en un triunfo de la revolución salvadoreña, asomaremos tres elementos para la reflexión: a) muy probablemente, durante las inmensas movilizaciones de masas de 1980 existían más favorables condiciones para un alzamiento insurreccional, vale decir, fue un táctica desarrollada a destiempo; b) las fuerzas revolucionarias no fueron suficientemente preparadas y coordinadas para esa coyuntura; y c) las fuerzas reaccionarias estaban atentas y habían recibido un importante apoyo-asesoramiento externo.

No obstante el hecho que enero de 1981 no fuese la «ofensiva final», tal como se anunció, tampoco fue el fin de la revolución. Muy por el contrario, con esta insurrección, el ejército perdió por momentos su capacidad ofensiva y se concentró en la defensa de los centros urbanos, situación que permitió al FMLN desarrollarse más rápidamente en el interior del país. De ahí en adelante, la guerra asumiría otras modalidades.

Guerra de definición inmediata

Entre 1981 y 1984 se cumple una etapa en la guerra de El Salvador, durante la cual ambas fuerzas pensaban en una victoria sobre su contrincante en términos inmediatos. Para esa fecha, las clases dominantes salvadoreñas y sus aliados externos empezaron a incrementar ostensiblemente sus fuerzas, y para entonces contaban ya con unos 20 000 hombres en todo el país, distribuidos en quince guarniciones. Por lo demás, el ejército estaba en condiciones de concentrar tropas en cualquier punto del territorio nacional con mucha rapidez.

El FMLN, por su parte, al inicio de esta etapa, combatía en cinco de los catorce Departamentos de que consta el país. Con cuatro frentes actuantes —el Occidental «Feliciano Ama», el Central «Modesto Ramírez», el Paracentral «Anastasio Aquino» y el Oriental «Francisco Sánchez» (todos llevaban nombres de héroes de 1932)— contaba, sin embargo, entre sus limitantes del momento, la escasez de armas apropiadas. Problema difícil de resolver en las condiciones del FMLN. Sobre la forma como encararon esta dificultad, transcribimos lo publicado en *El Nacional,* y donde se expresa:

> Cuatro comandantes guerrilleros dijeron durante una entrevista que concedieron en esta capital [San Salvador], que *han estado comprando armas en el mercado negro,* y declinaron decir si estaban recibiendo también armas de los países del bloque soviético, tal como Estados Unidos ha acusado...[24]

Tras superar en alguna medida las limitaciones antes señaladas, para el primer semestre de 1982, el FMLN puede hacer el siguiente balance:

> Después de la farsa electoral, que le da todo el poder a la oligarquía fascista, las guerrillas del Frente Farabundo Martí para la Liberación Nacional, en su ofensiva continua han conquistado grandes victorias militares y políticas.

1. Por primera vez en todo el desarrollo de la lucha, la guerrilla ha podido implementar una gran operatividad en centros urbanos, con amplio apoyo poblacional.

2. Existe una mayor coordinación de las fuerzas revolucionarias a nivel nacional, como producto de la fructífera experiencia de lucha.

3. Se ha producido un salto de calidad en la guerra, con aniquilamiento de puestos del enemigo, y gran aumento en el ritmo de recuperación de armas a las fuerzas de la dictadura.

4. Desde los días previos a la farsa electoral, las guerrillas han avanzado más que en todo el tiempo anterior, lo cual lo demuestra los exitosos ataques a cuarteles centrales del Ejército y sus principales vías de acceso.[25]

La guerra seguía su curso. El FMLN pudo salir airoso de las ofensivas lanzadas en su contra y, durante el segundo semestre de 1982, emprende una contraofensiva de significativas proporciones: se estaba en plena «Guerra de definición inmediata». Aplicando esta táctica, el Farabundo Martí recuperó gran cantidad de armamento, a la vez que hacía un elevado número de prisioneros de guerra y ampliaba el teatro de operaciones; teniendo entre sus elementos tácticos más importantes el control de las vías de comunicaciones.

La característica del accionar el FMLN, para entonces, la podemos catalogar como de «ofensiva ininterrumpida», tal como se expresa en el balance antes presentado.

Por estos tiempos —siendo ministro de la Defensa el Gral. José Guillermo García— el Ejército concentró su esfuerzo en cuidar zonas vitales. Entre tanto, la franja norte del país se encontraba casi absolutamente bajo control del FMLN, cuyo poder se ha consolidado en la relativamente ventajosa posición topográfica de la Cordillera Norte.

Luego, frente a las características que asumía la guerra salvadoreña, las Fuerzas Armadas, asesoradas por oficiales estadounidenses, implementaron otro componente táctico para penetrar el territorio dominado por los insurgentes, basado en mantener sus tropas en movimiento, con lo que no ofrecían un blanco fijo al FMLN. De igual manera, aumentaron el empleo de sus medios aéreos y, a través de vuelos sobre el territorio, lograban ubicar las concentraciones guerrilleras que en ese momento alcanzaban niveles de batallones o brigadas.

Para el año 1983, la guerra se ha extendido a muchas regiones del país. Veamos como describe este cuadro el ya citado periodista brasilero Gilberto Lopes:

> El Frente Farabundo Martí ha ido estrangulando lentamente las vías de comunicación de la rica zona oriental, que compren-

de los departamentos de Usulután, San Miguel, Morazán y La Unión. Después de tres años de guerra, esa región se debate en una difícil crisis, provocada por la constante falta de energía eléctrica, de teléfonos, de agua y combustible. Solo San Salvador y los cuatro departamentos occidentales permanecen en una relativa calma, que a veces dan una desconcertante imagen de la situación.[26]

Ahora bien, si el FMLN había madurado como fuerza revolucionaria y tenía bases firmes en el país, las Fuerzas Armadas apoyadas por los Estados Unidos, aumentaron, durante 1983, en un 17% el número de sus efectivos y perfeccionaron cada vez más sus modalidades operativas. Héctor Oquelí describe el tipo de guerra implementado por los asesores norteamericanos:

> Hasta 1983, la estrategia para contener el comunismo se basó, en El Salvador, en la utilización de Batallones de Despliegue Rápido contra las fuerzas insurgentes. Esta estrategia mostró su fracaso después del esfuerzo cívico-militar más importante que llevó adelante la dirección norteamericano-salvadoreña de la guerra: la campaña de pacificación Bienestar para San Vicente, a mediados de 1983...[27]

Pasando luego a ampliar su concepción de lucha:

> A lo anterior, y ya dando como un hecho que la victoria contra el comunismo en la región no podría ser ni rápida ni fácil, la Administración Reagan percibe un cambio necesario en el tiempo de la duración del conflicto: ahora la guerra se prolonga y se convierte en un proceso político-militar mucho más complejo. Se propone readecuar totalmente la estrategia contrainsurgente en El Salvador, enfatizando el factor cívico-militar-psicológico, la desconcentración de la Fuerza Armada y la creación en la misma de destacamentos de Fuerzas de Ope-

raciones Especiales, para que el ejército pueda salir victorioso
—ahora en largo plazo— del enfrentamiento armado...[28]

Por último, entre 1983 y 1984, las Fuerzas Armadas adecuaron su
táctica para poder penetrar las zonas bajo control del movimiento popular. La nueva táctica, que se apoya en la alta tecnología
suministrada por los Estados Unidos, consiste en desplazar con
mucha velocidad pequeños contingentes de soldados instruidos
en las técnicas de contrainsurgencia por los referidos asesores, los
cuales tratarían de tomar la iniciativa de combate al momento en
el cual se producían bombardeos intensivos a las posiciones del
FMLN. Es oportuno acotar que una mayor incidencia empieza a
tener en el rumbo de la guerra, la tecnología militar y, en general,
la gran cantidad de medios militares recibidos por el gobierno,
que el control político de fuerzas sociales internas.

Ya para este momento ha quedado claro que en el lapso de 1981
a 1983, las fuerzas revolucionarias en buena medida habían logrado el agotamiento de la «capacidad militar propia» del gobierno
salvadoreño; el imperialismo norteamericano incrementó entonces la escalada intervencionista, asumiendo un mayor compromi-
so en la guerra.

Guerra de desgaste

Desde mediados del año 1984, comenzó un viraje de importancia
en la táctica militar adelantada por el FMLN, cuestión que tiene
que ver con la táctica asumida por el ejército reaccionario, pero,
sobre todo, con el hecho de haberse transformado la lucha: de una
guerra contra un enemigo interno a una guerra contra un enemigo internacional.

En efecto, si bien la intervención militar estadounidense se
inició desde años atrás —como describiremos ampliamente en

el punto siguiente—, alcanzó, de 1983 en adelante, niveles que nos lleva a afirmar que la Revolución Salvadoreña se enfrenta a un ejército internacional. Por supuesto que los Estados Unidos no estaba solo en su escalada intervencionista en la guerra de El Salvador —en el próximo capítulo hablaremos también de la intervención del Estado venezolano—, en la cual juega un papel destacado el Estado hondureño.[29]

Ha sido, sin dudas, el apoyo externo lo que impide el triunfo de las fuerzas revolucionarias, al incrementar los efectivos y los medios del ejército oficial, como puede desprenderse de la siguiente nota:

> El proceso de intervención escalada, iniciado por el Gobierno estadounidense en 1981, ha sido tan contundente que, de no haberse dado, el ejército salvadoreño ya habría sido aniquilado. Cuando la guerra comenzó, la Fuerza Armada contaba con 12 000 efectivos y 30 aparatos aéreos. *Para mediados de 1985, el FMLN había hecho más de 20 000 bajas al ejército y, sin embargo, éste creció hasta tener cerca de 50 000 hombres, y casi el doble de medios aéreos.* El ejército se había dado a la tarea de incrementar el reclutamiento forzoso, mientras que cada helicóptero derribado por la guerrilla era de inmediato sustituido por varios más.[30]

De lo anteriormente expuesto, puede concluirse que, a partir de un determinado momento, las fuerzas populares de El Salvador se enfrentaron con un enemigo de *recursos ilimitados*, y esto generó derivaciones importantes, como por ejemplo la formación de una pensamiento contrainsurgente coherente en el seno de la oficialidad reaccionaria; así como también la posibilidad de mantener incentivos materiales para la permanencia de los soldados en sus filas. Veamos, al respecto, lo sucedido con el salario de los soldados:

> Las alzas en los salarios de las tropas han logrado estabilizar a la base del ejército. El soldado raso gana 100% más que un

obrero agrícola en sus primeros dos años de servicio. Si se queda en el ejército por más tiempo, gana un 400% más que un obrero agrícola o equivalente al salario de un profesor de escuela secundaria. Si se encuentra en batallones de reacción inmediata, gana 600% más que el nivel de salario del «jornalero agrícola». La inmensa mayoría de los soldados de la Guardia Nacional Salvadoreña son jornaleros agrícolas jóvenes; a través de su participación en la guerra, acceden a niveles de consumo personales inimaginables en condiciones de paz —radios, grabadoras, blue jeans, designer—, mismo tiempo que logran duplicar los ingresos de sus familias.[31]

Es frente a este cuadro que el FMLN, demostrando una gran capacidad de adecuación a las distintas situaciones por las cuales atravesaba, emprendió nuevas modalidades tácticas a partir de 1984. De este momento en adelante, los insurgentes pondrían menos énfasis en la regularización de la guerra, es decir, en la formación de batallones especiales del ejército popular, imprimiéndole un mayor desarrollo a las milicias y a la guerrilla, lo cual le permitía un desplazamiento más rápido por todo el territorio nacional. Esto se traduce en una disminución de la frecuencia de acciones de gran envergadura, pero por otro lado, en una multiplicación de acciones de pequeño y mediano alcance militar. De esta manera, el FMLN adecuaba su táctica a la implementada por el gobierno en los últimos tiempos y, a pesar de la ventaja del ejército gubernamental en cuanto a medios de guerra y avituallamiento, siempre el movimiento popular mantenía la iniciativa en el campo de batalla.

Todo este cambio táctico-militar, conocido como «guerra de desgaste», coincide con una importante recuperación en el movimiento de masas, que de nuevo levanta consignas por la paz, el respeto a los derechos humanos y por sus reivindicaciones económicas específicas. Las masas retoman, en alguna medida, las calles. De igual forma, el hecho de haber implementado la táctica de «muchas pequeñas unidades militares» (de quince, veinte o treinta hombres) extendidas por todo el territorio del país, revitalizaba los contactos entre la vanguardia militar revolucionaria y la población.

Se piensa que esta táctica evidencia consolidación de las fuerzas apoyadas por los Estados Unidos; sin embargo, el FMLN analiza la situación de otra manera, entendiendo que el objetivo trazado por la «guerra de desgaste» es vencer la capacidad de la administración estadounidense de continuar abasteciendo indefinidamente de dinero y tecnología al ejército oficial. Por otro lado, incluye un plan de sabotaje tendiente a neutralizar la ayuda económica suministrada por el gobierno estadounidense. Otro elemento de la «guerra de desgaste» es la desestabilización política, ejemplo de lo cual fueron los esfuerzos de la guerrilla, a fin de impedir el establecimiento de «alcaldes» en territorio controlado por ellos (año 1984).

El resultado de la «guerra de desgaste» es que el FMLN abre nuevos teatros de operaciones en el centro, sur y occidente del país, provocando un desgaste sin precedentes a las tropas gubernamentales e incrementando las acciones de sabotaje económico. Todo lo anterior redunda en la neutralización de los planes de contrainsurgencia diseñados por los asesores estadounidenses.

La revisión de todas estas etapas por las cuales ha atravesado el movimiento popular salvadoreño nos lleva a las siguientes reflexiones: ¿cómo hace un pueblo con tan pocos recursos para sostener una guerra contra un enemigo económica y técnicamente superior?, y solo encontramos respuestas en la variedad y contundencia de ingredientes que posee la crisis de la sociedad donde se produce; no es, pues, la guerra revolucionaria salvadoreña, ni una invención ni el producto de una aventura vanguardista, es el peso de la realidad lo que la ha impuesto. De ahí que, como expresan los revolucionarios, la guerra está consustanciada con el pueblo: «Uno de los rasgos particulares que, desde su surgimiento definieron a la guerra revolucionaria en El Salvador, es su masivo carácter popular. De las masas nació el ejército revolucionario y de ellas se ha nutrido...»[32]

Intervención militar estadounidense

Desde comienzos del segundo semestre de 1979, las agencias internacionales de noticias comenzaron a reseñar con cierta frecuencia, las muestras de «preocupación» por la situación salvadoreña por parte de altos funcionarios del gobierno estadounidense y su interés en «ayudar» a solventarla.

Tal «preocupación» marcaría el inicio de una nueva etapa en lo referente al intervencionismo norteamericano en El Salvador. Hemos señalado antes que, a diferencia del resto de los países centroamericanos, tal penetración data de épocas recientes; siendo en el período comprendido entre las dos guerras mundiales cuando los Estados Unidos comienzan su escalada de influencia sobre ese país, fundamentalmente al irse acentuando la tendencia de un flujo comercial entre ambos —exportaciones e importaciones— cada día mayor. Tras el comercio se hizo presente todo tipo de injerencias, y ya para las décadas de 1960 y 1970 en el territorio salvadoreño operaba un gran número de empresas transnacionales. Pero a partir de 1979 dicha intervención adquiere un nuevo signo, será ahora una práctica abierta que abarca el terreno político-militar.

En este terreno se ubican las declaraciones del funcionario de la administración Carter, Frank Devine, reseñadas por Arquéles Morales en los siguientes términos:

> En junio pasado, al retornar de una conferencia de embajadores norteamericanos en Centroamérica, Frank Devine dijo en San Salvador que Estados Unidos se «haya muy preocupado

por la situación interna de ese país». Devine expresó la esperanza de la administración Carter en el sentido de que le gustaría hacer una contribución a la solución del conflicto interno salvadoreño.[33]

Inmediatamente después del golpe militar que derrocó el 15 de octubre de 1979 al Gral. Carlos Humberto Romero, miembros de las fuerzas opositoras en el exilio denunciaron la participación de los Estados Unidos en el mismo, lo que fue negado por el gobierno estadounidense, aunque extraoficialmente admitió que fue notificado de los preparativos de dicho golpe. Sin embargo, su presencia en la orientación política de la nueva junta de gobierno fue reconocida por el propio gobierno de Jimmy Carter, como reconocida fue su influencia decisiva para evitar el derrocamiento de la misma por parte de fuerzas de la extrema derecha:

> Funcionarios de gobierno y líderes de la oposición izquierdistas y derechistas concuerdan en que solo la intensa presión de los Estados Unidos bloqueó un golpe el 25 de febrero, y condujo al alto comando del Ejército a aceptar los decretos de la semana anterior que expropian grandes establecimientos rurales y nacionalizan bancos privados.
>
> La decisión de Estados Unidos de intervenir diplomáticamente en la crisis creciente de El Salvador, reflejó su temor de que ese país se deslizara irrevocablemente hacia una guerra civil, que no solo conduciría a un derramamiento de sangre sino que podría traer como resultado una toma del poder por parte de guerrilleros y grupos políticos de dirección marxista. Su patrocinio inusual de medidas radicales contra la acaudalada élite del país fue por eso una respuesta a la gravedad de la situación aquí.[34]

Pero la participación de los Estados Unidos no se circunscribió a gestiones políticas que le permitieran contar con un gobierno aliado, sino que más bien fue cobrando un creciente viraje hacia la intervención militar, consecuente con su criterio de que la situación salvadoreña no era producto de factores internos sino que era ocasionada por el comunismo internacional.

Desde comienzos de 1980, distintos sectores: fuerzas políticas salvadoreñas, la Iglesia Católica, gobiernos latinoamericanos y otros, levantaron su voz de protesta por la «ayuda» militar estadounidense y pedían el cese de la misma, recalcando en todo momento el significado de la crisis económico-social en ese pequeño país. Para los sectores eclesiásticos, por ejemplo, era más pertinente atacar las causas que generaban la violencia antes que alentar una salida militar:

> Es precisamente la «situación de pobreza generalizada y la concentración de la riqueza en muy pocas manos la que produce la justa indignación de esos pueblos contra los opresores», agregan los religiosos estadounidenses que han trabajado en la región centroamericana.[35]

No obstante, la escalada de la intervención político-militar norteamericana avanza a pasos acelerados. El Salvador copa buena parte de la atención de la política exterior norteamericana; no es permisible una nueva Nicaragua, no es permisible un país autónomo, en esa zona vital del imperio del Norte.

- A mediados del año 1980 se aprueba un programa de asistencia militar que alcanza los 5,7 millones de dólares, donde incluyen además el envío de treinta y seis asesores militares.

- En octubre de ese mismo año La Casa Blanca reconoce el entrenamiento de oficiales salvadoreños en Panamá.

La administración del presidente Jimmy Carter confirmó hoy que está entrenando a oficiales salvadoreños en una escuela militar de Panamá con el objeto de prepararlos en una lucha antisubversiva desprovista de crueldad.

El portavoz Jhon Trattner dijo que el programa se titula «El aspecto de los derechos humanos en el desarrollo y la defensa externa».[36]

Esta escalada fue interrumpida brevemente, de manera oficial, entre diciembre de 1980 y mediados de enero de 1981; el asesinato de cuatro religiosas norteamericanas —que se desempeñaban en comunidades pobres salvadoreñas— por fuerzas policiales del gobierno de ese país, fue lo que motivó esta suspensión temporal, exigiéndose un total esclarecimiento de este hecho y castigo a los culpables. Más esto no fue necesario para avanzar en la escalada. El descontento social y el avance de las fuerzas insurgentes era una presión muy grande que no permitía esperar por trámites legales.

El 14 de enero el gobierno estadounidense oficialmente el reinicio del envío de asistencia militar al régimen salvadoreño, conformada por equipos y asesores; Carter desbroza el camino de la intervención a su sucesor ya electo, Ronald Reagan.

La nueva administración le imprimió dinamismo al programa intervencionista; Reagan ocupó no poco de sus dotes de propagandista y de su vocación imperialista al conflicto salvadoreño. A la par que se incrementaba sustancialmente la ayuda militar, emisarios estadounidenses comenzaron a viajar a los países aliados de América Latina y Europa, en solicitud de apoyo para su gestión interventora, al tiempo que intentaban presentar supuestas evidencias del apoyo del comunismo internacional a los rebeldes salvadoreños.

Es oportuno señalar aquí que aún cuando se observan distintas maneras de asumir la intervención entre las administraciones Carter y Reagan, la política de los Estados Unidos como tal es claramente intervencionista más allá del hecho de ser un «demócrata» o un «republicano», un «pacifista» o un «guerrerista» quien se encuentre al frente del gobierno; esto debido a la noción geopolítica manejada por el Pentágono y que Nixon expresó en los siguientes términos:

> La América Central y del Caribe son zonas de crítica importancia debido a su estratégica situación [...] Si los regímenes subsidiarios de los soviéticos acceden al poder en la América Central, el hemisferio occidental habrá quedado partido en dos, por su delgada cintura. Desde su situación en la América Central, estos regímenes amenazarían no solo a México y a Venezuela, los dos grandes productores de petróleo de América Latina, sino también el Canal de Panamá. *Esto no podemos permitirlo...*[37]

La esencia de este criterio geopolítico la podemos apreciar también en los apuntes de la «Comisión Kissinger»: «Centroamérica es nuestra vecina cercana. Por esta razón está críticamente dentro de nuestros intereses de seguridad nacional».[38] Un criterio análogo maneja el secretario de Estado norteamericano George Shultz cuando el 2 de agosto de 1982, al referirse a los países del Caribe y América Central, señaló:

> Estamos hablando de una región que tiene importancia crucial e inmediata para nuestros intereses nacionales. Basta mirar el mapa para advertir que constituye nuestra tercera frontera. Si esta región es dominada por regímenes que nos son hostiles o si se convierte en escenario de perturbaciones sociales prolongadas, el impacto que ello tendría sobre nuestra economía y vida social sería de de grandes proporciones.[39]

Así pues, los dirigentes estadounidenses consideraban de su incumbencia el destino de Centroamérica y estaban claros respecto a que: «el futuro de Centroamérica dependerá en gran parte de lo que suceda en El Salvador...»[40] Atendiendo a los criterios anteriores la prepotente ejecutoria de Ronald Reagan no escuchó argumentos, ni siquiera viniendo éstos de la Iglesia, como el siguiente:

> Monseñor Arturo Rivera y Damas, administrador apostólico de San Salvador, pidió hoy a Estados Unidos que comprenda el problema de los salvadoreños y que no aliente soluciones militares y violentas [...].
>
> Nosotros los salvadoreños —continuó Rivera y Damas— sabemos cuál es nuestro problema, conocemos las causas y somos capaces de encontrar sus soluciones. Nuestro problema no es militar, nuestro problema des social y de índole estructural.[41]

El fantasma del peligro comunista no permite ser comprensivo: Vietnam no es una enseñanza, es un trauma obsesivo; en consecuencia la torpeza se impuso y justificándose con lo injustificable, la escalada intervencionista marchó a pasos de gigantes:

- Oficialmente es reconocida la presencia de medio centenar de asesores militares estadounidenses (enero de 1981).

- Boinas Verdes veteranos de Vietnam entrenan, en territorio de El Salvador, al Batallón Atlacatl, cuerpo especial del ejército salvadoreño para la lucha antisubversiva (julio de 1981).

- 1 600 militares salvadoreños comienzan a ser entrenados en Bases Militares en los Estados Unidos (enero de 1982).

- Armamentos sofisticados comienzan a ser enviados a El Salvador (febrero de 1982):

  1. Helicópteros UH-1h

  2. Transporte aéreo Hércules C-123

3. Aviones de observación 0-2

4. Aviones A-37

- Las costas salvadoreñas son vigiladas por embarcaciones militares estadounidenses (febrero de 1982).

Todo esto ocurre desenfrenadamente no obstante la denuncia ◆ y oposición, tanto en el resto del mundo como en los mismos Estados Unidos, donde las heridas de Vietnam no han restañado del todo. La voz opositora se deja escuchar incluso en el Congreso estadounidense, más la intervención no se detiene. Haciendo un balance, el total de la «ayuda» de los Estados Unidos al Estado burgués salvadoreño entre los años 1979-1984 alcanza para finales de este último a la astronómica cifra de 2 000 millones de dólares. Y sobre la orientación del gasto de ese dinero, en febrero de 1985, tres legisladores estadounidenses, entre ellos dos del partido gobernante, denuncian que:

> …«solo un 15% de la ayuda norteamericana en los pasados cinco años, ha sido dirigida hacia desarrollo y reformas, en tanto la ayuda militar directa duplica ese nivel […]. Eso significa que estamos dando al ejército salvadoreño 50 000 dólares en ayuda militar por cada rebelde, en tanto nuestros gastos en reformas y proyectos de desarrollo alcanzan apenas a 300 dólares por cada salvadoreño sumido en la pobreza», dijo el informe.[42]

Por otra parte, respecto de la presencia del personal estadounidense en el conflicto: «Los legisladores acusaron al Pentágono de haber enviado a El Salvador "casi el doble de los asesores militares" reconocidos por el gobierno. De acuerdo a la ley, el límite de asesores militares en El Salvador es de 55.»[43]

Por último, es de observar la reiterada amenaza de intervenir directamente con el propio Ejército de los Estados Unidos, posibilidad asomada cada vez que la coyuntura lo ha permitido como fue el caso cuando en junio de 1985 fueron muertas trece personas en San Salvador, entre los que se encontraban cuatro marines, hecho por el cual las amenazas no se hicieron esperar; hasta se llegó a hablar de un plan de ataque aéreo a las bases de los rebeldes en El Salvador. Por todo lo anteriormente expuesto podemos afirmar que los Estados Unidos asumieron su rol imperialista durante la más reciente crisis de la sociedad salvadoreña practicando una vasta escalada militar en favor de la preservación del sistema de dominación allí establecido.

Intervención del gobierno venezolano

Cabe señalar que el gobierno de los Estados Unidos ha hecho esfuerzos por conseguir el respaldo de sus homólogos latinoamericanos para su intervención militar en El Salvador y Centroamericana. Ya hemos visto cómo Honduras se convirtió en una especie de gran base militar estadounidense.

No es propósito de este trabajo detallar el respaldo recibido por el imperialismo norteamericano para su acción intervencionista; sin embargo, queremos puntualizar en forma particular el hecho de que el Estado venezolano ha sido uno de los colaboradores más connotados en las políticas estadounidenses en la región. Más concretamente, el gobierno de Luís Herrera Campíns, se involucró en la contienda salvadoreña arguyendo «solidaridad» con el gobierno Demócrata Cristiano» de ese país. Al respecto, *El Nacional* de Caracas suminista abundante información, la cual insertamos de seguidas:

> Denunció Fabio Castillo, ex rector de la Universidad Nacional que... «El gobierno norteamericano logró que Venezuela intervenga en los asuntos internos de El Salvador desde enero

pasado, mediante un apoyo militar, político y económico del régimen [...] La intervención venezolana en los asuntos internos de El Salvador, es directa y profunda», subrayó el ex Director. Otro de los integrantes de la delegación, el ex canciller Héctor Oquelí, denunció que «Venezuela se ha comprometido profundamente con su apoyo a la junta, bajo el pretexto de que ésta es un gobierno demócrata-cristiano». «La realidad es que es un gobierno militar y represivo», apuntó Oquelí, y agregó que «la democracia cristiana en El Salvador es un partido desintegrado».

Denunció también que «el gobierno venezolano ha enviado asesores militares a El Salvador, así como armas y municiones».

Enumeró seguidamente «las cuatro visitas a San Salvador de Arístides Calvani, ex Ministro de Relaciones Exteriores venezolano, quien dio consejos por la televisión salvadoreña y se entrevistó con diferentes funcionarios gubernamentales».

También hizo alusión a la visita a San Salvador del embajador venezolano ante la OEA, Hilarión Cardozo.

Dijo que el ministro de defensa venezolano, también ha visitado El Salvador para «expresar su solidaridad» con la junta y que militares salvadoreños reciben cursos de Estado Mayor en Caracas.[44]

Tal participación fue reconocida por el canciller venezolano Zambrano Velazco[45] y por las propias autoridades salvadoreñas al admitir que un avión de la Fuerza Aérea Panameña siniestrado, contenía unas 22 000 municiones de fusil calibre 7,62 de fabricación venezolana.[46] También fue ratificada la intervención venezolana por el propio Presidente Luís Herrera Campíns, al inaugurar el X Congreso de la Organización Demócrata-Cristiana de América donde justificó la actuación de su gobierno en los siguientes términos:

Hoy en día, [...] El Salvador tiene una importancia política mundial descomunal, que no guarda proporción con sus dimensiones geográficas, pero que ha sido seleccionado como objetivo estratégico de las fuerzas totalitarias marxistas. Y allí se está librando una lucha que puede ser decisiva para nuestro continente, frente a lo cual no puede caber neutralidad. Una lucha que exige a los demócratas de toda América una comprensión y una colaboración...[47]

Por último, en el conocido informe presentado por ex miembros del Departamento de Defensa (Department of Defense-DOD) y de la CIA publicado bajo el título: «Dissent Paper on Salvador and Centroamérica», se expresa textualmente:

El gobierno del presidente Herrera Campíns se ha convertido en un aliado indispensable de nuestra política actual en Centroamérica. La política venezolana hacia El Salvador y, de hecho, hacia la mayoría de los asuntos regionales y globales, coincide en gran medida con la nuestra.

Los socialcristianos de COPEI se identifican, y apoyan en muchas formas importantes, a sus colegas demócratacristianos de la Junta salvadoreña. El apoyo venezolano oficial, tanto económico como de seguridad, complementa y provee una necesaria legitimidad a nuestros propios esfuerzos.[48]

Es difícil probar la intervención militar venezolana en El Salvador —por la misma naturaleza del tema— pero de ser ciertas las múltiples denuncias aparecidas en la prensa nacional al respecto, que antes hemos referido, Luís Herrera Campíns incurrió en una violación flagrante de la Carta Magna de Venezuela al involucrar a nuestras Fuerzas Armadas Nacionales en funciones distintas a las que ésta les asigna.

Lucha por la paz

Cinco años de ininterrumpida confrontación militar (1980-1984) en El Salvador entre las fuerzas representadas por la alianza imperialismo norteamericano, burguesía salvadoreña y ejército por un lado y las fuerzas de la revolución social expresadas en el FDR-FMLN, por el otro, habían conducido el conflicto a una especie de estado estacionario en donde se había generado una paridad de fuerzas, y lo cual entre otras alternativas, planteaba la necesidad de buscar una salida negociada del mismo. Tal situación se presenta después que, como consecuencia de la guerra civil, se acentuó el cuadro altamente crítico de la sociedad salvadoreña y que bien ilustran los siguientes indicadores:

1. Más de 50 000 muertos en cinco años de lucha. Esta cifra incluye las víctimas de los dos bandos y, en buena medida, representa la cantidad de población civil que ha perecido en lo que va de guerra.

2. Más de medio millón de refugiados en el exterior.

3. Aproximadamente 300 000 personas desplazadas dentro del territorio salvadoreño.

4. El país produce el 25% menos que antes de iniciarse la guerra civil, según versión oficial.

5. Ochocientos millones de dólares en pérdidas en las instalaciones dañadas durante la guerra.[49]

6. La deuda externa salvadoreña elevada a niveles sin precedentes, sin incluir dentro de la misma la abultada «ayuda militar estadounidense».

7. El nivel de vida de la población disminuyó a grados extremos.

8. Una correlación militar indefinida.

9. Una amenaza permanente de internacionalización del conflicto.

En medio del cuadro anteriormente sintetizado, y respondiendo al clamor por la paz, el cual encontró eco en distintos países y en los principales foros internacionales, comienzan en 1984 a concretarse iniciativas tendientes a alcanzar la paz. Por un lado las fuerzas reaccionarias plantearon la paz pero sin ceder a las aspiraciones de las masas populares salvadoreñas; por ejemplo, para los voceros del imperialismo como es el caso de Thomas O. Enders, secretario de Estado para Asuntos Interamericanos, «… la búsqueda de una solución política no puede tener éxito a menos que Estados Unidos mantenga su asistencia a El Salvador».[50]

Y por otro lado, las fuerzas revolucionarias se propusieron «negociar la paz» en condiciones no desventajosas. Dentro de tales iniciativas una de las más importantes es la que a nivel internacional adelantaron los países del llamado Grupo Contadora, integrado por Venezuela, México, Colombia y Panamá, y cuyas posiciones fueron vistas con aceptación por otros países del área latinoamericana, así como por los gobiernos de Nicaragua, Cuba, la Unión Soviética, representantes de la Internacional Socialista, y en un principio, por el propio gobierno estadounidense. Contadora, después de múltiples debates, propuso las bases para el logro de una paz para el área centroamericana concebida en los siguientes términos:

> … el proyecto del tratado exige reducciones mutuas en armas, tropas y asesores extranjeros entre naciones centroamericanas e incluye una prohibición contra el establecimiento de bases

militares foráneas. Así mismo prohibiría a los países proporcionar apoyo a fuerzas irregulares que intenten derrocar gobiernos, disposición dirigida a poner fin a la ayuda nicaragüense a guerrillas salvadoreñas y el apoyo estadounidense de rebeldes antisandinistas, de la misma manera, el tratado estipularía el establecimiento de sistemas judiciales justos, amnistía para prisioneros políticos y garantías de libertades civiles, incluyendo elecciones libres.[51]

Aparte de los integrantes de Contadora, las posiciones de esta fueron respaldadas por Nicaragua y posteriormente otros países latinoamericanos: Brasil, Perú, Argentina y Uruguay formaron un Grupo de Apoyo a Contadora. Sin embargo, después de esta iniciativa negociadora comenzó a ser objetada y torpedeada por la administración de Ronald Reagan, presidente de los Estados Unidos, fundamentando su actitud en el supuesto de que tal proyecto servía a los intereses de la Unión Soviética.

El gobierno salvadoreño sostuvo diversas posturas frente a las propuestas de Contadora, sin embargo, a nivel declarativo, reconoció la importancia de las gestiones del grupo. Por otra parte, también se fueron desarrollando varias gestiones que apuntaban hacia la salida negociada: es el caso de la entrevista que se efectuó en el poblado salvadoreño de La Palma, en el mes de octubre de 1984, entre el presidente José Napoleón Duarte, y los representantes del FDR-FMLN, Guillermo Ungo, Rubén Zamora y los jefes guerrilleros Eduardo Sánchez Castañeda, Facundo Guardado y otros; entrevista ésta que se realizó durante dos días, en presencia de un grupo de mediadores, entre los cuales figuró el Arzobispo de San Salvador, monseñor Arturo Rivera y Damas.

De parte del gobierno las propuestas estuvieron centradas en una oferta de amnistía política y en la realización de elecciones «libres». Por su lado, las fuerzas político-militares de la revolución presentaron un plan contentivo de los ocho puntos siguientes:

1. El retiro de los asesores estadounidenses.

2. La investigación y castigo de los responsables de todos los asesinatos políticos de los últimos años.

3. El cese de los ataques contra la población civil durante las acciones del Ejército y que se les incrementen los salarios a los soldados y se reduzcan los de los oficiales.

4. El esclarecimiento del paradero de los desaparecidos y la situación de presos por motivos políticos.

5. La apertura plena de los medios de comunicación y que se garantice la libertad de presión.

6. Un incremento en los salarios de los trabajadores, principalmente de los campesinos, la rebaja y el congelamiento de los artículos de consumo popular.

7. La reducción de los salarios de los altos funcionarios del Estado, comenzando por el Presidente de la República y que se designe una reserva de fondos para otorgar créditos a la pequeña empresa.

8. La eliminación de los pagos mensuales a los miembros de la defensa civil (cuerpo paramilitar) y que se suspenda por parte del ejército el reclutamiento forzoso.[52]

Aunque se sabe que en el seno de la burguesía y del Ejército regular salvadoreño existían sectores con posiciones que no favorecen la búsqueda de paz, la reunión de La Palma, sacó en claro el nombramiento de una comisión mixta, con los siguientes objetivos:

1. Estudiar los planteamientos y propuestas de ambas partes.

2. Desarrollar mecanismos convenientes para incorporar a todos los sectores del pueblo en la búsqueda de paz.

3. Estudiar las medidas que hagan posible la humanización del conflicto armado.

4. Tratar todo aquello que conduzca a la paz en el menor tiempo posible.[53]

Las conversaciones continuaron en noviembre de ese mismo año 1984 sin lograr resultados concretos. Paralelamente al desarrollo de ellas, la confrontación se acentuaba y el aspecto militar seguía siendo el preponderante.

Entre abril y mayo de 1985, a la luz de las elecciones legislativas que proporcionan a José Napoleón Duarte una mayor sustentación política, el FMLN concerta nuevas conversaciones en función de una negociación de paz a la que no se arriba.

El año 1985 se cierra con un saldo de intentos fallidos por lograr una paz negociada; un gobierno que se entiende muy bien con los Estados Unidos, de quien recibe toda la ayuda necesaria sobre todo para consolidar su ejército, que cada día capacita y apertrecha más y mejor. Por el otro lado, unas fuerzas rebeldes maltrechas y obligadas a cambias sus tácticas de agrupamiento y movilización, en vista del desmedido poder de fuego alcanzado por el ejército oficial. Un pobre país cada vez más pobre, con su ejército fortalecido en aras de la tranquilidad del coloso del norte.

Conclusiones

Al término de nuestro estudio y a manera de conclusión, extraemos algunas apreciaciones:

El modelo agrario monoexportador fundado en la explotación del café, mediante el cual advino el capitalismo en El Salvador, no solamente perduró, sino que por momentos recreó y/o convivió con caducas estructuras de producción, y en última instancia, chocó con replanteos tendientes a enrumbar la economía por derroteros distintos, aún dentro del mismo sistema capitalista. Así, pues, el intento de alcanzar el «desarrollo» por medio de la ampliación del mercado con el fomento del Mercado Común Centroamericano, o la implantación de las industrias maquiladora, no logró prosperar (por razones analizadas en el curso de este trabajo) o en definitiva, no alcanzaron las metas propuestas.

Derivado de este tipo de estructura, los ingresos del país confrontaron permanentes vaivenes, influidos en forma sustantiva por causas exógenas. Dentro de estos ciclos económicos se produjeron dos crisis de naturaleza revolucionaria, en un intervalo de aproximadamente medio siglo, cuyo tratamiento ha sido el tema central de esta tesis.

La «oligarquía cafetalera» en forma recurrente, ejerció el control político de la sociedad, mediante gobiernos militares, de lo cual se deriva la ilegitimidad política como una de las características más resaltantes de la sociedad salvadoreña a lo largo de su historia contemporánea. En El Salvador capitalista, los niveles alcanzados por la lucha de clases han sido de un grado de violencia superior al de muchos otros pueblos del continente cuestión ésta emparentada tanto con la naturaleza misma de la estructura económica del país, como con la falta de libertades políticas. La lucha del pueblo salvadoreño registra, también, una temprana influencia de las corrientes ideológicas en boga en el mundo contemporáneo; así como también ha experimentado una rica práctica referente a modalidades político-organizativas.

El estudio, en cuanto a su génesis y a las fuerzas enfrentadas, nos revela la existencia de una continuidad histórica de las mismas. En este sentido, la imposibilidad por parte del modelo económico imperante, para resolver las más elementales necesidades de la población, ha sido la razón de mayor peso para que no haya cesado una lucha denodada entre las clases.

En estas condiciones las «clases dominadas» trataron de conquistar el poder político por primera vez en 1932. En esa oportunidad resultó demasiado elevado el costo social del intento. Sin embargo, independientemente de la aplastante derrota sufrida, el año 1932 nutrió la experiencia del movimiento revolucionario salvadoreño, más que cualquier otro momento.

En medio de una singular represión, el movimiento revolucionario salvadoreño ha podido expresarse debido a su enraizamiento entre las mayorías del país. De manera significativa ha contribuido a esto, particularmente durante los últimos años, la identidad de densos sectores de la Iglesia Católica con las fuerzas populares.

A finales de la década de 1970 y en medio de una nueva situación, caracterizada por nosotros como de crisis revolucionaria, las clases populares salvadoreñas, pasaron de nuevo a la búsqueda del poder. En el curso de la lucha, esta se transformó de una confrontación interna entre explotados y explotadores, a ser una guerra del pueblo salvadoreño contra una potencia extranjera, al inmiscuirse los Estados Unidos, económica, política y militarmente en la misma. Claro está, que no hubo presencia de tropas extranjera en El Salvador, aunque sí de asesores militares. Aparte de los inmensos recursos logísticos suministrados por el gobierno estadounidense al gobierno salvadoreño, los Estados Unidos desplegaron una vasta ofensiva diplomática a fin de darle legitimidad a sus aliados de El Salvador. De lo anterior se desprende que la lucha en El Salvador tiene el carácter tanto de guerra de «liberación nacional», como de lucha de clases interna.

En síntesis, muchos autores han observado el hecho de ser El Salvador un país con perfil propio dentro del contexto latinoamericano. Al hacerlo tomaron en cuenta, por ejemplo, su fisonomía geográfica, o sus particularidades demográficas, o la formación económica y otros. En ese sentido, arribamos a la simple conclusión, que, comparativamente con el resto del hemisferio, es el salvadoreño uno de los pueblos con mayor capacidad de combate y sacrificio, lo cual ha quedado más que demostrado durante su larga y combativa historia de luchas.

Ya en las notas del Himno Nacional salvadoreño —segunda y tercera estrofa— se hace referencia a esa especie de héroe colectivo existente entre los salvadoreños, y para el momento cuando fueron escritas solo podían contemplar esa cualidad para las generaciones anteriores.

Notas

Consideraciones acerca de la formación social salvadoreña

1. Edelberto Torres Rivas: *Interpretaciones del desarrollo social centroamericano*, Editorial Universidad Centroamericana, San José, 1977, pp. 39-40.

2. Rafael Menjívar ubica a 1864 como el: «…año relacionado con la expansión del café en su camino de convertirse en el eje de la matriz agroexportadora [y agrega] que, a partir de ese momento, es posible detectar la descomposición de una estructura económica determinada por la producción añilera y las relaciones comerciales mantenidas durante la Colonia con el capitalismo mundial…» Rafael Menjívar: *Acumulación originaria y desarrollo del capitalismo en El Salvador*, Editorial Universitaria Centroamericana, San José, 1981, p. 85. Sobre este tema, Torres Rivas es categórico al afirmar: «En El Salvador el crecimiento de la producción cafetalera solo se desarrolla o adquiere impulso en la década del sesenta…». Edelberto Torres Rivas: *Interpretaciones del desarrollo social centroamericano*, op. cit., p. 65.

3. Partido de la Revolución Salvadoreña: *El Salvador: un volcán social*, Editorial Ruptura, Caracas, 1977, pp. 15-16.

4. Programa centroamericano de Ciencias Sociales: *Estructura agraria, dinámica de población, y desarrollo capitalista en Centroamérica*, Editorial Universitaria Centroamericana, San José, 1978, p. 134.

5. Edelberto Torres Rivas: *Interpretaciones del desarrollo social centroamericano*, op. cit., p. 65.

6. Programa Centroamericano de Ciencias Sociales: *Estructura agraria, dinámica de población, y desarrollo capitalista en Centroamérica*, op. cit. p. 135.

7. Torres Rivas llega a afirmar que: «Aunque la economía cafetalera y su consiguiente inserción en el mercado mundial dieron auge al desarrollo capitalista en Centroamérica, se dice con frecuencia que lo hicieron sobre la base del restablecimiento de relaciones sociales de carácter feudal…» Edelberto Torres Rivas: *Interpretación del desarrollo social centroamericano*, op. cit., p. 80.

8. Rafael Menjívar: *Acumulación originaria y desarrollo del capitalismo en El Salvador,* op. cit., p. 140.

9. En El Salvador —para la época estudiada— se observan elementos que le son intrínsecos a la estructura capitalista, puntualizados por Marx de la manera siguiente: «... lo que yace en el fondo de la acumulación primitiva del capital, en el fondo de su génesis histórica, es la expropiación del productor inmediato, la disolución de la propiedad basada en el trabajo personal de su poseedor». Carlos Marx: *El Capital,* t. 1, Editorial Cartago, Buenos Aires, 1974, p. 741. En consecuencia, Marx plantea dos condiciones básicas para la existencia de un modo de producción capitalista en el campo; una referida a la propiedad de la tierra, de lo cual expresa «...Así como el modo capitalista de producción en general despoja a los obreros de sus medios de trabajo, *en la agricultura supone que los obreros agrícolas son expropiados del suelo...*» Carlos Marx: *El Capital,* t. 3, Editorial Cartago, Buenos Aires, 1974, p. 613), y la otra condición tiene que ver con el beneficio percibido por los trabajadores, aspecto del cual observa: «La condición previa del modo capitalista de producción es, pues, la siguiente: *los verdaderos agricultores son asalariados* empleados por un capitalista». Carlos Marx: Ibidem, p. 616 (las cursivas son nuestras).

10. Partido de la Revolución Salvadoreña: *El Salvador: un volcán social,* op. cit., p. 19.

11. La categoría de la *Renta Diferencial* es la clave para entender la historia salvadoreña —en general, básica para estudiar los problemas de las economías agrícolas y mineras—, debido a la desigual productividad del suelo y a que «...esta productividad desigual es el resultado de condiciones naturales y tiene una determinada magnitud en condiciones técnicas dadas...» (Karl Kautsky: *La cuestión Agraria: estudio de tendencias de la agricultura moderna y de la política agraria de la social democracia,* Buenos Aires, Editorial Latina, s/f, p. 76. En el caso salvadoreño, existen condiciones naturales favorables para la producción del café, lo cual permite una muy alta productividad; particularmente, los suelos de la meseta central del país son sumamente fértiles. Para una comprensión cabal de la categoría de la «renta del suelo», véase también a Carlos Marx: *El Capital,* t. 3, op. cit., pp. 613-793, y a la Comisión Ideológica de Ruptura: *El imperialismo petrolera y la revolución venezolana: capital y propiedad territorial,* t. 1, Fondo Editorial Salvador de la Plaza, Caracas, 1975, pp. 80-96.

12. Partido de la Revolución Salvadoreña: *El Salvador: un volcán social,* op. cit., p. 19.

13. Se utiliza la denominación de «República banana» para designar a aquellos países centroamericanos donde la inversión extranjera (de los Estados Unidos) se orientó al fomento de enclaves bananeros desde fines del siglo XIX; proceso que arrojó el siguiente resultado: «Las tres bana-

nera más importantes en Centroamérica figuran, pues, entre las ET más grandes del mundo. Ejercen un control económico mediante la posesión de más de 135 000 hectáreas de las mejores tierras en Centroamérica, excepto en El Salvador. Sus actividades son ampliamente diversificadas y dominan mediante 54 establecimientos en Centroamérica, excepto en El Salvador, donde existe escasez de tierras y mayor control en el agro por parte de la oligarquía...» Castillo Rivas, Donald: *Acumulación de capital y empresas transnacionales en Centroamérica*, Colección Sociología y Política, Siglo XXI Editores, México, 1980, p. 99.

14. Para mayor información sobre los orígenes de la clase obrera salvadoreña, véase a Rafael Menjívar: *Formación y lucha del proletariado industrial salvadoreño*, UCA editores, San Salvador, 1979. Véase a Benedicto Juárez: *Perspectiva histórica de la clase obrera en El Salvador*, Editorial 32, San Salvador, 1979, pp. 73.

15. Partido de la Revolución Salvadoreña: *El Salvador: un volcán social*, op. cit., p. 21.

16. Jorge Arias Gómez: *Farabundo Martí*, Editorial Universitaria Centroamericana, San José, 1972, p. 29.

17. Jorge Arias Gómez: ibidem, pp. 35-36.

El Salvador: año 1932

1. Roque Dalton: «Introducción» a (la entrevista a Miguel Mármol titulada) *Miguel Mármol: Los sucesos de 1932 en El Salvador*, Ediciones Casa de las Américas, La Habana, 1983, p. 7.

2. Programa Centroamericano de Ciencias Sociales: *Estructura agraria, dinámica de población, y desarrollo capitalista en Centroamérica*, op. cit., p. 138.

3. Jorge Arias Gómez: *Farabundo Martí*, op. cit., p. 102.

4. Partido de la Revolución Salvadoreña: *El Salvador: un volcán social*, op. cit., p. 22.

5. «Disturbios en El Salvador». *El Nuevo Diario*, 26 de enero de 1932, p. 4.

6. Thomas Anderson: *El Salvador: los sucesos políticos de 1932*, Editorial Universitaria Centroamericana, San José, 1976, p. 29.

7. Idem.

8. Un balance de la actividad de sindicalización desde los primeros años del siglo hasta los comienzos de la década de 1930 arrojaría el siguiente cuadro: *San Salvador:* Sindicato de Trabajadores Manuales e Intelectuales de los Diarios, Sindicato de Panificadores, Sindicato de Ferrocarrileros, Sindicato de Trabajadores de Salón, Sindicato de Servicios Domésticos, Sindicatos de Sorbeteros y Refresqueros, Unión de Pintores, Sindicato de Construcción, Sindicato de Tejedores, Unión Sindical de Barberos,

Sindicato de Instaladores Eléctricos, Unión de Sastres, Sindicato de Zapateros, Unión de Empleados de Comercio y Sociedad de Motoristas y Mecánicos; *Santa Ana*: Sindicato de Panificadores, Liga de Albañiles y Carpinteros, Sindicato de Oficios Varios, Comités Pro-Acción Sindical; *Cantón Calzones Arriba*: Sindicato de Campesinos del Potrero Grande, Sindicato de Obreros y Campesinos; *Ilopango*: Sindicato Fraternidad de Obreros y Campesinos; *Soyapango*: Sindicato Julio Antonio Mella; *Cantón los Planes de Renderos*: Sindicato de Trabajadores Jornaleros; *Santiago Texacuangos*: Sindicato de Obreros y Campesinos; *Panchimalco*: Sindicato de Trabajadores del Campo y del Taller; *Rosario de Mora*: Sindicato de Obreros del Campo y del Taller; *Puerta de la Laguna*: Sindicato de Obreros y Campesinos; *Santa Tecla*: Sindicato de Albañiles y Carpinteros, Sindicato de Panificadores; *Armenia*: Sindicato de Oficios Varios; *Cantones de Azuacualpa*: Sindicato de Campesinos; *Sonsonate*: Unión Sindical de Proletarios (comprendía varios sindicatos); *Juayua*: Sindicato General de Trabajadores; *Nahuizalco*: Unión de Trabajadores Federada; *Cantón la Libertad*: Sindicato de Campesinos; *Atiquizaya:* Sindicato de Oficios Varios; *Ahuachapán:* Unión Sindical de Proletarios; *Ataco:* Sindicato General de Trabajadores; *Chachuapa*: Unión de Obreros Federada; *El Refugio*: Sindicato de Campesinos. Jorge Arias Gómez: *Farabundo Martí* op. cit., pp. 75-76.

9.   Rafael Menjívar: *Formación y lucha del proletariado industrial salvadoreño*, op. cit., pp. 52-53.

10.   «La revolución comunista en Centroamérica», *La Religión*, Caracas, 26 de enero de 1932, p. 1.

11.   Jorge Arias Gómez: *Farabundo Martí*, op. cit., p. 64.

12.   Esas campañas fueron: jornada homenaje a los héroes del comunismo internacional (Semana Mella, Lenin y Rosa Luxemburgo, del 10 de enero al 21 del mismo mes); celebración del aniversario de la proclamación de la Comuna de Paris (18 de marzo); conmemoración del 1ro. de mayo, fecha en la cual el proletariado había librado heroicos combates; recordatorio del momento cuando el pueblo nicaragüense inició su lucha contra la invasión de los marines yankees en 1927 (4 de mayo); 1ro. de agosto, Jornada Roja Internacional contra la guerra; homenaje a Sacco y Vanzetti (23 de agosto); acto por el aniversario de la fundación de la Federación Regional de Trabajadores Salvadoreños (21 de septiembre); 7 de noviembre, aniversario de la Revolución Bolchevique; conmemoración del surgimiento del Socorro Rojo Internacional (26 de noviembre); asistencia de los delegados de la Federación Regional de Trabajadores Salvadoreños, Modesto Ramírez y Miguel Mármol, al Congreso de la Sindical Mundial Roja (PROFINTERN), efectuada en Moscú en 1930; y presencia de delegados de la III Internacional en la creación y orientación del Socorro Internacional (sección salvadoreña), de la Federación

Regional de Trabajadores Salvadoreños, y del Partido Comunista Salvadoreño. Entre esos «comunistas internacionales» figuraban: Jorge Fernández Anaya, de México; Ricardo Martínez (Rolito), de Venezuela; y Jacobo Jorowies, de Perú. Idem.

13. En Roque Dalton (entrevista a Miguel Mármol titulada) *Miguel Mármol: Los sucesos de 1932 en El Salvador*, op. cit., p. 65.

14. Véase a Roque Dalton (entrevista a Miguel Mármol titulada) *Miguel Mármol: Los sucesos de 1932 en El Salvador*, Ibidem, pp. 120-123.

15. Benedicto Juárez: *Debilidades del movimiento revolucionario de 1932 en El Salvador*, op. cit., pp. 17-18.

16. «Los disturbios comunistas en El Salvador», *El Universal*, Caracas, 25 de enero de 1932, p. 3.

17. Véase a Roque Dalton (entrevista a Miguel Mármol titulada) *Miguel Mármol: Los sucesos de 1932 en El Salvador*, op. cit., pp. 101-102.

18. Thomas Anderson: *El Salvador: los sucesos políticos de 1932*, op. cit., p. 10.

19. Rafael Menjívar dice que es probable que en el PCS primase la: «...aplicación esquemática de los rígidos principios tácticos de la Tercera Internacional» (Rafael Menjívar: *Formación y lucha del proletariado industrial salvadoreño*, op. cit., p. 67), pero de allí no puede inferirse la existencia de un cuerpo de proposiciones concretas de los comunistas salvadoreños a efecto de transformar la sociedad en la cual actuaban y mucho menos que tales propuestas estuviesen en la conciencia política de las masas insurrectas.

20. Helio Goldsztejn y Omar De Barros Filho: *Un fusil para Ana Guadalupe* (*La guerra civil en El Salvador*), Editorial Pluma Ltda., Bogotá, 1980, p. 42.

21. «Fracasa un complot comunista en El Salvador», *El Heraldo*, Caracas, 22 de enero de 1932, p. 3.

22. Véase a Roque Dalton (entrevista a Miguel Mármol titulada) *Miguel Mármol: Los sucesos de 1932 en El Salvador*, op. cit., p. 126. (las cursivas son nuestras)

23. Idem.

24. Thomas Anderson: *El Salvador: los sucesos políticos de 1932*, op. cit., pp. 200-201.

25. «Disturbios en el Salvador». *El Nuevo Diario*, Caracas, 26 de enero de 1932, p. 4.

26. «El grave momento salvadoreño». *El Heraldo*, 26 de enero de 1932, p. 1.

27. «Los disturbios en El Salvador». *El Heraldo*, Caracas, 27 de enero de 1932, p. 3.

28. «La situación en El Salvador». *El Universal*, Caracas, 27 de enero de 1932, p. 3.

29. «El movimiento comunista salvadoreño». *El Universal*, Caracas, 28 de enero de 1932, p. 3.

30. Rodolfo Barón de Castro: *La población de El Salvador*, UCA Editores, San Salvador, 1978. p. 507.

31. Ibidem: p. 510.

32. Thomas Anderson: *El Salvador: los sucesos políticos de 1932*, op. cit., p. 202.

33. Partido de la Revolución Salvadoreña: *El Salvador: un volcán social*, op. cit., pp. 40-41.

34. Helio Goldsztejn y Omar De Barros Filho: *Un fusil para Ana Guadalupe (La guerra civil en El Salvador)*, op. cit., pp. 93-94.

35. Rafael Menjívar: *Formación y lucha del proletariado industrial salvadoreño*, op. cit., p. 69.

36. Edelberto Torres Rivas: *Interpretación del desarrollo social centroamericano*, op. cit., p. 157.

37. Roque Dalton: *Las historias prohibidas del pulgarcito*, Siglo XXI Editores, México, 1983, pp. 128-129.

El «Partido Militar» en el poder

1. Jorge Arias Gómez: *Farabundo Martí*, op. cit., p. 128.

2. Rafael Menjívar: *Formación y lucha del proletariado industrial salvadoreño*, op. cit., p. 12.

3. Mariano Castro Morán: *Función política del ejército salvadoreño en el presente siglo*, UCA Editores, San Salvador, 1984, pp. 29-39.

4. Un punto de vista *«sui generis»* acerca del papel de las Fuerzas Armadas en la política salvadoreña es el sostenido por el Tte. Cnel. Mariano Castro Morán en su obra *Función política del ejército salvadoreño en el presente siglo* (Premio Nacional de Ensayo UCA/Editores, 1983), donde se afirma: «En este siglo XX, el ejército ha realizado hasta el momento siete golpes de estado triunfantes y dos fracasados. La mecánica de este acontecer ha sido la siguiente: el ejército da un golpe de Estado, y casi inmediatamente delega el poder a su (o sus) representante (s) delegado (s). En un lapso de trece a quince años, este representante o sus sucesores militares se vuelven intolerable para el pueblo, entonces el ejército da otro golpe de Estado y continúa la secuencia hasta la fecha» (Mariano Castro Morán: *Función política del ejército salvadoreño en el presente siglo*, ibidem, p. 26). Esta habilidosa tesis, como puede observarse, le «lava la cara» al militarismo, lo despoja de su esencial ligazón con la despótica dominación de la «oligarquía cafetalera» y, en fin, pretende sustentar la idea peregrina de que la entronización de regímenes militares en el poder ha respondido a la búsqueda de una salida beneficiosa para la población.

Por esa vía, el referido autor concluye: «Todos estos regímenes de las últimas cinco décadas, de ninguna manera pueden identificare como gobiernos del ejército, pues éste no ha propiciado la ineptitud técnica, ni el peculado, ni el enriquecimiento ilícito, ni gobierno unipartidista de poder absoluto y corrompido. En conclusión, los gobiernos que hemos tenido en los últimos cincuenta años no son gobiernos del ejército; son los gobiernos de Pro-Patria, del PRUD, del PCN, del PCD (1980-1981), y actualmente de un conjunto de partidos políticos derechistas, desde el menos recalcitrante e impenitente que, conjuntamente con la cúpula del poder, conforman el mal llamado "Gobierno de Unidad Nacional"... » Mariano Castro Morán: *Función política del ejército salvadoreño en el presente siglo*, ibidem, p. 30.

5.   Edelberto Torres Rivas: *Interpretaciones del desarrollo social centroamericano*, op. cit., p. 160.

6.   Gregorio Selser: «Casi cuarenta años de militares», *El Nacional*, Caracas, 22 de octubre de 1979, p. A-6.

7.   «Proclama de la Fuerza Armada al pueblo salvadoreño», en Mariano Castro Morán, *Función política del ejército salvadoreño en el presente siglo*, op. cit., p. 397.

Por las vías del desarrollo

1.   Eduardo Lizano: «Introducción» a *La integración económica centroamericana*, Serie Lecturas no. 13, Fondo de Cultura Económica, México, 1975, p. 8 (las cursivas son nuestras).

2.   Programa Centroamericano de Ciencias Sociales: *Estructura agraria, dinámica de población, y desarrollo capitalista en Centroamérica*, op. cit., p. 95.

3.   Helio Goldsztejn y Omar De Barros Filho: *Un fusil para Ana Guadalupe (La guerra civil en El Salvador)*, op. cit., p. 95.

4.   CEPAL (Comisión Económica para América Latina, de las Naciones Unidas): este organismo, surgido en febrero de 1948, propuso fórmulas «desarrollistas» para los países iberoamericanos, tal como señala Ramón Tamames en su obra *Estructura económica internacional*, Alianza Editorial, Madrid, 1980, p. 249. La CEPAL «...recomendó decididamente la transformación de la estructura económica tradicional por medio de una rápida industrialización...» Y, en cuanto a la integración centroamericana, puntualiza los esfuerzos emprendidos por el referido organismo en los siguientes términos: «... El proyecto comenzó a esbozarse con la creación del Comité de Cooperación Económica del Istmo Centroamericano (CCE), un organismo subsidiario de la CEPAL, con sede en México, que ya, en 1951, planteó claramente la necesidad de que los cinco pequeños países de Centroamérica se asociaran en un esfuerzo común de integración...» Ibidem, p. 251.

116 El Salvador. Su historia y sus luchas

5. Donald Castillo Rivas: *Acumulación de capital y empresas transnacionales en Centroamérica*, Siglo XXI, México, 1980, p. 56.

6. Eduardo Lizano: «Introducción» a *La integración económica centroamericana*, en op. cit., pp. 13-14.

7. Edelberto Torres Rivas: *Interpretaciones del desarrollo social centroamericano*, op. cit., p. 247.

8. Partido de la Revolución Salvadoreña: *El Salvador, un volcán social*, op. cit., p. 36.

9. Donald Castillo Rivas: *Acumulación de capital y empresas transnacionales en Centroamérica*, op. cit., p. 56.

10. Ibidem: p. 67.

Aspectos del acontecer político-social salvadoreño 1950-1979

1. Programa Centroamericano de Ciencias Sociales: *Estructura agraria, dinámica de población, y desarrollo capitalista en Centroamérica*, op. cit., pp. 148-149.

2. Ibidem., p. 162.

3. CONDECA (Consejo de Defensa Centroamericano) es un organismo promovido por los Estados Unidos en los llamados «planes de defensa interamericana»; agrupa a los ejércitos de los países del istmo, y se ha dirigido sus esfuerzos a la lucha de contrainsurgencia.

4. Roberto Bardini: *Belice (Historia de una nación en movimiento)*, Editorial Universitaria, Tegucigalpa, 1978, p. 11.

5. Roque Dalton: *Las historias prohibidas del Pulgarcito*, op. cit., pp. 227-229.

6. Daniel Camacho y Rafael Menjívar: «El Movimiento Popular en Centroamérica: 1970-1983. Síntesis y perspectivas», en *Movimientos populares en Centroamérica* (compilación), Editorial Universitaria Centroamericana, San José, 1985, pp. 33-34.

7. Federación de Trabajadores del Campo: *Perspectiva histórica del movimiento campesino revolucionario en El Salvador*, Editorial 32, San Salvador, 1979, pp. 31-33.

8. María Candelaria Navas: «Los movimientos femeninos en Centroamérica, 1970-1983», en *Movimientos populares en Centroamérica*, ed., cit, p. 229.

La crisis de los años setenta y ochenta

1. Donald Castillo Rivas: *Acumulación de capital y empresas transnacionales en Centroamérica*, op. cit., p. 154.

2. Partido de la Revolución Salvadoreña: *El Salvador, un volcán social,* op. cit., p. 10.

3. Programa Centroamericano de Ciencias Sociales: *Estructura agraria, dinámica de población, y desarrollo capitalista en Centroamérica,* op. cit., p. 144.

4. *Report of the National Bipartisan Comission on Central America* (Comisión Kissinger), publicación realizada por el Gobierno de los Estados Unidos, Washington D. C., 1984, p. 31.

5. Ibidem: p. 5.

6. «Proclamación de la Dirección Nacional de la Resistencia Nacional», José Fajardo: *Centroamérica hoy: todos los rostros del conflicto,* Editorial Oveja Negra, Bogotá, 1980, p. 149 (las cursivas son nuestras).

7. José Fajardo: Ibidem, p. 137.

8. «Proclama de la Fuerza Armada emitida a raíz del golpe», en Rafael Menjívar: *El Salvador: el eslabón más pequeño,* Editorial Oveja Negra, Bogotá, s/f, p. 144.

9. Ibidem, pp. 145-147.

10. José Fajardo: *Centroamérica hoy: todos los rostros del conflicto,* op. cit., p. 138.

11. «La conspiración del 15 de octubre. Testimonio del Cap. Francisco Emilio Mena Sandoval», en Mariano Castro Morán: *Función política del Ejército Salvadoreño en el presente siglo,* op. cit., p. 450.

12. «Proclama de la Fuerza Armada emitida a raíz del golpe» Rafael Menjívar: *El Salvador: el eslabón más pequeño,* op. cit., p. 143 (las cursivas son nuestras).

13. José Fajardo: *Centroamérica hoy: todos los rostros del conflicto,* op. cit., p. 141.

14. Jorge Arias Gómez: *Farabundo Martí,* op. cit., pp. 39-48.

15. Sobre los eventos de Medellín y Puebla y, en general, acerca de la transformación del pensamiento social de la Iglesia Católica, expresada en la Teología de la Liberación, véase a Joao Batista: *Puebla: tensiones preparatorias. Análisis del Documento Final,* Editorial Indo American Press Service, Bogotá, 1979. Véase también a José Miguel Bonino: *Jesús, ni vencido ni monarca celestial,* Editorial Tierra Nueva, Buenos Aires, 1977.

16. Comisión de Derechos Humanos: *La Iglesia en El Salvador,* Loguez Ediciones, Salamanca, 1982, p. 17 (las cursivas son nuestras).

17. Helio Goldsztejn y Omar De Barros Filho: *Un fusil para Ana Guadalupe (La guerra civil en El Salvador),* op. cit., p. 187.

18. Oscar Arnulfo Romero: «Entrevista realizada por Mario Menéndez», en *El Salvador: guerra civil y revolución –proceso y protagonista,* Editorial Oveja Negra, Bogotá, s/f, p. 24.

19. Ibidem: p. 28.

20. Idem.

21. Pedro Miranda: *Itinerario político del Monseñor Romero*, Editorial Ateneo de Caracas, Caracas, p. 22.

22. Ernesto Che Guevara: *Escritos y discursos*, t. I, Editorial de Ciencias Sociales, La Habana, 1972, p. 54.

23. Gilberto Lopes: *Reportaje en El Salvador*, Editorial Universitaria Centroamericana, San José. 1984, p. 12 (las cursivas son nuestras).

24. *El Nacional*, Caracas, 23 de febrero de 1981, p. A-2.

25. Comité Venezolano de Solidaridad con El Salvador: «Partes de Guerra», en *El Salvador vencerá!!*, Boletín Nro. 8, Caracas, enero-mayo, 1982, p. 14.

26. Gilberto Lopes: *Reportaje en El Salvador*, Editorial Universitaria Centroamericana, San José. 1984, p. 18.

27. Héctor Oquelí: «América Central y el Caribe. Zona de conflictos y problemas geopolíticos» en *América Central: geopolítica y crisis regional*, Cuaderno de Trabajo No. 8 (Centro de Investigación de Acción Social), México, septiembre de 1986, p. 21.

28. Idem.

29. Sobre la intervención de Honduras en el conflicto, queremos insertar este amplio análisis de Héctor Oquelí donde expone: «Sin duda, el cambio geopolítico más notorio en la región es el papel asignado a Honduras. Este país ha tenido un proceso acelerado como base militar estratégica de Estados Unidos a partir de 1982. La geopolítica al interior de este país tiene transformaciones significativas. De una nación como cualquier otra, donde existía una fuerza armada obligada constitucionalmente a defender la soberanía se transforma en un país con presencia permanente de tropas extranjeras. Un nuevo ejército, la contra, ejerce el control, territorial de la frontera sur. Otro ejército, el norteamericano, se ha ido posesionando del territorio a nivel militar, con sus complejos militares en Palmerola y Trujillo, dos radares y once aeropuertos. Además, hasta recientemente, se estaba entrenando en Honduras al ejército salvadoreño, lo que arroja una cifra de cuatro ejércitos para ese país. A la fecha, Honduras es un portaviones terrestre al haberse convertido en el país del continente americano con mayor densidad de aeropuertos y con una capacidad para recibir más de 15.000 hombres en menos de 24 horas...» Héctor Oquelí: «América Central y el Caribe. Zona de conflictos y problemas geopolíticos» en *América Central: geopolítica y crisis regional*, Ibidem, p. 65.

30. Comando Internacional de Información de la Revolución Salvadoreña (COMIN): «Guerra de desgaste: la mejor forma de derrotar la intervención», en *El Salvador: señal de libertad*, No. 37, p. 2 (las cursivas son nuestras).

31. Instituto Histórico Centroamericano: «El nuevo sujeto histórico: Centroamérica 1979-1985», *Envío* (especial). Managua, Nicaragua, Año 5, No. 55-56, enero-febrero 1986, p. 31.

32. Comando Internacional de Información de la Revolución Salvadoreña (COMIN): «Guerra de desgaste: la mejor forma de derrotar la intervención», en *El Salvador: señal de libertad*, No. 37, p. 8 (las cursivas son nuestras).

33. Arqueles Morales: «Las presiones de Washington», *El Nacional*, Caracas, 30 de agosto de 1979.

34. Alan Riding: «La presión de EEUU bloqueó golpe derechista en El Salvador», *El Nacional*, Caracas, 13 de agosto de 1980.

35. «Religiosos estadounidenses piden a Carter que no intervenga en El Salvador», *El Nacional*, Caracas, 20 de marzo de 1980.

36. «La Casa Blanca admitió entrenamiento de oficiales salvadoreños en Panamá», *El Nacional*, Caracas, 10 de octubre de 1980, p. A-2.

37. Richard Nixon: «*La verdadera guerra*», Ediciones Nacionales Círculo de lectores, Bogotá, 1981, pp. 46-47 (las cursivas son nuestras).

38. *Report of the National Bipartisan Comission on Central America* (Comisión Kissinger), op. cit., p. 2.

39. George Shultz: «El enfoque de Estados Unidos respecto a los problemas en la Cuenca del Caribe», en Bitar, Sergio Bitar y Carlos J. Moneti: *Política económica de Estados Unidos en América Latina (Documentos de la Administración Reagan)*, Grupo Editorial Latinoamericano, Buenos Aires, 1984, p. 360.

40. Ibidem: p. 145.

41. «La Iglesia Salvadoreña pidió a Estados Unidos que no aliente soluciones violentas», *El Nacional*, Caracas, 9 de febrero de 1981, p. A-22.

42. *El Nacional*, Caracas, 13 de febrero de 1985, p. A-3.

43. Idem.

44. «En París. Denuncias del apoyo militar venezolano hace delegación del Frente Revolucionario», *El Nacional*, Caracas, 8 de junio de 1980, p. D-26.

45. «Comunicado de la Cancillería reconoce apoyo al gobierno de El Salvador», *El Nacional*, Caracas, 9 de junio de 1980, p. D-1.

46. «El Salvador. Se estrelló avión militar de Panamá con armas y municiones venezolanas», *El Nacional*, Caracas, 16 de junio de 1980, p. A-1.

47. Roberto Giusti: «El Presidente Herrera ante la ODCA. Seguiremos dando ayuda al gobierno de El Salvador», *El Nacional*, Caracas, 4 de diciembre de 1981, p. D-1.

48. «Dissent Paper on Salvador and Centroamérica», *Nueva Sociedad* No. 52, Caracas, p. 184.

49. Los datos de los puntos 1, 2, 3, 4 y 5 fueron tomados de *El Nacional*, 15 de octubre de 1984, p. A-última.

50. Thomas O. Enders: citado por Sergio Bitar y Carlos J. Moneti en *Política económica de Estados Unidos en América Latina (Documentos de la Administración Reagan)*, op. cit, p. 357.

51. *El Nacional*, Caracas, 16 de octubre de 1984, p. A-8.

52. *2001*, Caracas, 18-10-1984, p. 2-A.

53. *El Nacional*, Caracas, 16-10-1984, p. A-última.

CON SUEÑOS SE ESCRIBE LA VIDA
AUTOBIOGRAFÍA DE UN REVOLUCIONARIO SALVADOREÑO

SALVADOR SÁNCHEZ CERÉN (LEONEL GONZÁLEZ)

346 PÁGINAS | 20 PP DE FOTOS | ISBN 978-1-921438-16-5

Recoge la ejemplar trayectoria de Salvador Sánchez Cerén, «Comandante Leonel González», quien, a través de la memoria, describe sus pasos por las luchas sociales y la guerrilla salvadoreña, guiado por ideales revolucionarios. Su vida es una gran fotografía llena de detalles que muestra a lectoras y lectores cómo la razón y la pasión, cuando caminan unidas, pueden hacer de las personas conductoras de pueblos, líderes para una mejor humanidad.

RETAZOS DE MI VIDA
TESTIMONIO DE UNA REVOLUCIONARIA SALVADOREÑA

LORENA PEÑA

258 PÁGINAS | 16 PP DE FOTOS | ISBN 978-1-921438-42-4

Un conmovedor testimonio de la vida de una guerrillera y revolucionaria salvadoreña.Este libro no sólo describe la vida de Lorena; también sintetiza el testimonio de las mujeres revolucionarias salvadoreñas: su heroísmo, su valentía, su entrega, su disposición al sacrificio y su indignación ante cualquier manifestación de injusticia.Sus páginas, que se leen desde la razón y desde el corazón, provocan una oleada de sentimientos que generan empatía con su autora y protagonista, para vivir con ella gozos y tristezas, sobresaltos y épicas. Una mujer que cumple con el deber de contarle a las generaciones actuales y futuras lo que sufrieron nuestros pueblos cuando las dictaduras azotaban el continente.

AMÉRICA LATINA ENTRE SIGLOS
Dominación, crisis, lucha social y alternativas políticas de la izquierda
Roberto Regalado

Una aproximación al contexto político y social latinoamericano, con énfasis en su conflictiva relación con los Estados Unidos. El texto sintetiza las vivencias y reflexiones acumuladas por un testigo privilegiado, activo participante en los debates de la izquierda latinoamericana y caribeña. El autor hace un análisis teórico e histórico de la polémica reforma o revolución en el continente y aborda diferentes experiencias políticas, con atención particular en las alternativas que la izquierda se propone construir.

278 páginas | ISBN 978-1-921235-00-9

LAS GUERRILLAS CONTEMPORÁNEAS EN AMÉRICA LATINA
Alberto Prieto

Las guerrillas latinoamericanas son portadoras de una larga tradición. Desde la conquista hasta nuestros días, han sido una de las formas de lucha más recurridas en el continente americano. El autor nos presenta los movimientos guerrilleros contemporáneos, desde la epopeya de Sandino hasta la actualidad, y profundiza en acontecimientos relevantes y figuras significativas como Fidel Castro y Ernesto Che Guevara.

280 páginas | ISBN 978-1-921235-54-2

EL DIARIO DEL CHE EN BOLIVIA
Edición autorizada
Ernesto Che Guevara

El último de los diarios del Che, encontrado en su mochila en octubre de 1967, se convirtió de forma instantánea en uno de sus libros más célebres. La edición que se le entrega al lector ha sido revisada e incluye algunas fotos, inéditas hasta el momento, de la misión boliviana, así como un prefacio de su hijo, Camilo Guevara.

291 páginas + 32 páginas de fotos | ISBN 978-1-920888-30-5

AMÉRICA LATINA
Despertar de un continente
Ernesto Che Guevara

La presente antología conduce al lector a través de textos que en tres etapas perfilan el ideario del Che sobre América Latina. Ordenada cronológicamente, esta selección de artículos periodísticos, ensayos, discursos, cartas y poemas comprende un recorrido desde sus observaciones juveniles hasta las profundas reflexiones que convirtieron al Che Guevara en un paradigmático pensador y hombre de acción.

495 páginas | ISBN 978-1-876175-71-9

FIDEL CASTRO
Antología mínima
Fidel Castro

Esta antología, que incluye las reflexiones y discursos más representativos de Fidel Castro, sin dudas constituye una referencia de incalculable valor en el contexto de transformaciones políticas y sociales que vive América Latina. La voz del líder cubano ha trascendido las fronteras nacionales para encarnar las ideas más radicales de la lucha revolucionaria mundial. Este volumen, acoge, pues, textos claves de Fidel desde los años cincuenta hasta la actualidad.

584 páginas + 26 páginas de fotografías | ISBN 978-1-921438-01-1

CHE GUEVARA PRESENTE
Una antología mínima
Ernesto Che Guevara

Una antología de escritos y discursos que recorre la vida y obra de una de las más importantes personalidades contemporáneas: Ernesto Che Guevara. Nos muestra al Che por el Che, recoge trabajos cumbres de su pensamiento y obra, y permite al lector acercarse a un Che culto e incisivo, irónico y apasionado, terrenal y teórico revolucionario.

452 páginas | ISBN 978-1-876175-93-1

UN SIGLO DE TERROR EN AMÉRICA LATINA
Crónica de crímenes de Estados Unidos contra la humanidad
Luis Suárez

Una visión panorámica de la historia de las intervenciones y crímenes de guerra de los Estados Unidos en América Latina. Este volumen documenta los desafíos que para las naciones latinoamericanas ha representado el modelo de dominación imperialista de los Estados Unidos, manifiesto a través de sus actividades injerencistas, guerras sucias y ocupaciones directas durante los últimos cien años.

591 páginas | ISBN 978-1-920888-49-7

MIGUEL MÁRMOL
Los sucesos de 1932 en El Salvador
Roque Dalton

Texto clásico de la historia contemporánea de El Salvador, Miguel Mármol es el resultado de varias entrevistas realizadas por Roque Dalton en Praga, entre mayo y junio de 1966. El militante salvadoreño Miguel Mármol, sobreviviente de la masacre de 1932, narra la heroica insurrección dirigida por el Partido Comunista en esa nación centroamericana, y la brutal represión del gobierno.

401 páginas | ISBN 978-1-921235-57-3

ocean sur
una nueva editorial latinoamericana

Ocean Sur, hermana de Ocean Press, es una nueva casa editorial latinoamericana que ofrece a sus lectores las voces del pensamiento revolucionario de América Latina de todos los tiempos: Bolívar, Martí, Che Guevara, Fidel Castro, Haydée Santamaría, Roque Dalton, Hugo Chávez, Evo Morales y otros. Inspirada en la diversidad étnica, cultural y de género, las luchas por la soberanía nacional y el espíritu antimperialista, Ocean Sur desarrolla múltiples líneas editoriales que divulgan las reivindicaciones y los proyectos de transformación social de los protagonistas del renacer de Nuestra América.

Publicamos relevantes contribuciones sobre teoría política y filosófica de la izquierda, la historia de nuestros pueblos, la trayectoria de los movimientos sociales y la coyuntura política internacional. Nuestras colecciones, entre ellas, Proyecto Editorial Che Guevara, Fidel Castro, Roque Dalton, Biblioteca Marxista, Proyecto Contexto Latinoamericano, Vidas Rebeldes, Historias desde Abajo, La otra historia de América Latina y Pensamiento Socialista, promueven el debate de ideas como paradigma emancipador de la humanidad. Ocean Sur es un lugar de encuentro.

www.oceansur.com ∎ **info@oceansur.com**